le livre de la Pâte à sel

le livre de la Pâte à sel

techniques, figurines et décors

Brigitte Casagranda

Dessain et Tolra

À Marie, Sophie et Baptiste

◆

Photographies :
Cactus Studio, Jean-François Hamon, Jacques Hœppfner,
Jeanbor, Michel Wagner
conception et réalisation : B&B Graphic
Couverture : Véronique Laporte
Édition : Laurence Alvado
Direction éditoriale : Catherine Franck
Relecture : Madeleine Biaujeaud
Coordination technique : Tatiana Nadin
Photogravure : Nord Compo

Dépôt légal : septembre 1998
ISBN : 2-04-021805-X
Imprimé en Italie par Canale, Turin, novembre 1998/02

SOMMAIRE

Ce livre vous donnera envie de créer, de modeler et de façonner des couronnes, des personnages ou des décors en pâte à sel. Il faut une certaine adresse. L'expérience vous apprendra, avec de la patience, à bien proportionner vos personnages par exemple. Si besoin est, aidez-vous d'un petit mannequin articulé, en bois.

La copie aide l'œil et la main ; dès que vous serez familiarisé avec la pâte à sel, faites travailler votre imagination. Vous remarquerez rapidement qu'on a bien plus de plaisir à créer ses propres réalisations qu'à copier celles des autres.

Même si, au début, cela peut vous sembler difficile, vous noterez très vite vos progrès. Vous comprendrez que tout ce qui vous entoure est source d'inspiration.

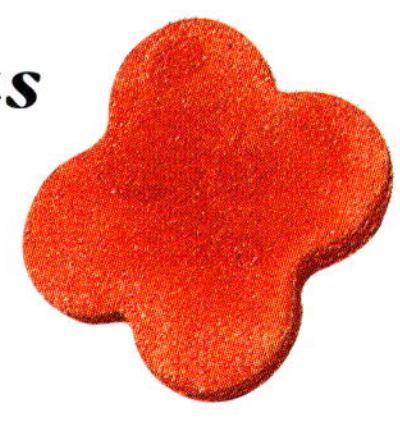

J'ai transformé ma cuisine en atelier et je travaille près de la fenêtre.

Ainsi, tout est une invitation
à modeler : le jardin, le râteau
oublié dans le potager,
les nuages dans lesquels
on cherche des visages, des
formes, mais aussi les couleurs d'un
vieux coussin, d'une couverture en
patchwork, un ours qui traîne,
un enfant qui dort, un livre
d'histoires, une partition de piano,
un bouquet, un chapeau de paille...

La pâte à sel est une matière vivante,
il ne s'agit pas d'une pâte banale.
Peut-être un jour verrez-vous
un de vos modelages vous faire
un clin d'œil ou un sourire !

Il me plaît de rêver que, la nuit,
certaines de mes créations s'animent.

Brigitte Casagranda

Il suffit d'un peu de farine et de sel pour réaliser de beaux objets ou des petits sujets en pâte à sel... et de lire auparavant ces quelques pages. Vous découvrirez tout d'abord quelles sont les bonnes proportions pour préparer une pâte lisse et souple. Nous vous donnerons aussi des conseils de modelage très utiles. La plupart des modelages de cet ouvrage sont cuits en deux temps. Une fois les modelages sortis du four et refroidis, nous vous indiquerons quelle peinture choisir pour quel effet. Pour finir, vous saurez comment vernir, réparer, conserver et entretenir vos précieuses pâtes à sel.

Les modèles sont faits de farine, de sel et d'eau. Vous pouvez garder la pâte naturelle ou la colorer.

PÂTE NATURELLE

Cette pâte, la plus simple à préparer, est la plus utilisée. Voici les proportions qui donnent une pâte agréable à modeler :
2 verres de farine de blé,
1 verre de sel fin,
1 verre d'eau froide.

◆ Disposez sur la table la farine, le sel fin et l'eau, et près de vous un saladier, un verre et une cuiller en bois. Utilisez une farine ordinaire, de type n° 55.
◆ Enfilez un tablier et remontez bien vos manches. Ayez toujours à portée de main une éponge humide pour garder la table propre.

1 *Procédez comme si vous faisiez de la pâtisserie.*

Versez dans le saladier la farine et le sel, mélangez bien à l'aide de la cuiller en bois, puis faites un puits dans lequel vous ajouterez l'eau en une seule fois.

2 *Comment obtenir une pâte lisse et souple.*

Dès qu'elle se met en boule, pétrissez-la longuement sur la table farinée.
◆ Si la pâte colle aux doigts, rajoutez un peu de farine ; si elle est friable, un peu d'eau.

3 *Formez une jolie boule bien ronde.*

Placez-la devant vous sur la table.
◆ Avec cette pâte, vous ferez des boules, des colombins que vous tresserez. Vous l'inciserez, la découperez...

Pâte colorée aux épices

Cette pâte se prépare comme la pâte naturelle. Versez dans le saladier 1 verre de farine, 1/2 verre de sel et 1 cuillerée à soupe de l'épice choisie. Mélangez et faites un puits dans lequel vous verserez 1/2 verre d'eau. Laissez reposer cette pâte 30 min pour que l'épice la teinte bien.

La pâte cuite dégagera une odeur très agréable.

Choisissez de la cannelle ou de la noix de muscade, du curry, du cumin ou du paprika, du poivre blanc ou gris, ou, tout aussi bien, du cacao en poudre.

Autres pâtes colorées

Il en existe une grande variété. Quelques gouttes de colorants alimentaires suffisent à colorer la pâte. Des « jus » divers (betterave ou épinard), du café ou de l'extrait de café, du thé ou des encres remplacent l'eau dans la recette de base.

La coloration la plus facile s'obtient avec la gouache.

Diluée dans l'eau, elle donne des teintes vives. ◆ Certains modèles nécessitent plusieurs pâtes colorées. Nettoyez bien verre, saladier et cuiller à chaque fois.

◆ *Conseil* ◆

Préparez juste la quantité de pâte suffisante pour réaliser vos modèles, car, au fil des jours, elle perdra rapidement de sa souplesse. S'il vous en reste un peu, enveloppez-la dans un film plastique transparent ou rangez-la dans une boîte hermétique. Ne la mettez surtout pas au réfrigérateur.

L*a pâte à sel préparée, disposez sur la table tout ce qui pourra vous être utile.*

MATÉRIEL ET ACCESSOIRES

Ils ne sont pas très nombreux, et la plupart se trouvent déjà dans les placards de votre cuisine.

- couteau de cuisine
- rouleau à pâtisserie
- roulette à pâtisserie
- pinceau à pâtisserie
- presse-ail
- passoire à thé
- paille à boire
- emporte-pièce
- papier d'aluminium
- fil de fer
- pince à couper
- aiguille à tricoter
- lichen
- clous de girofle
- bouts de bois
- baies de genièvre

Cette liste est bien sûr loin d'être exhaustive.

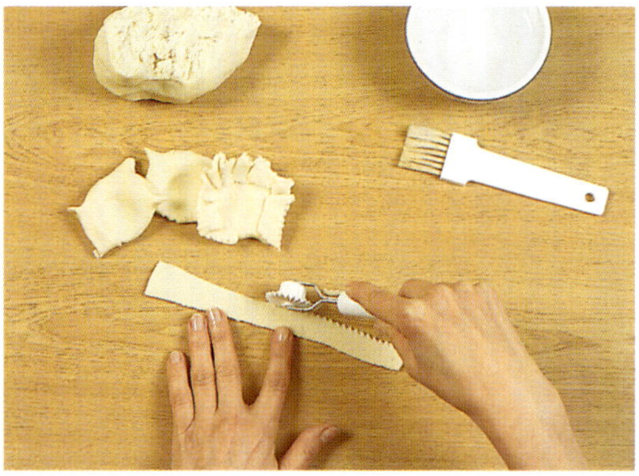

1 *Comme en pâtisserie, obtenez un effet décoratif.*

Vous utiliserez la roulette pour cranter le bord d'un tissu : un drap comme ici ou le bord d'un vêtement.

◆ Vous découvrirez d'autres exemples encore de son usage.

2 *Pressez la pâte au travers d'un presse-ail.*

Les colombins obtenus peuvent être utilisés pour figurer la queue d'un animal, les cheveux ou même des brins d'herbe.

◆ La passoire à thé donne des colombins plus fins.

3 *Utilisez une paille à boire de manière inattendue.*

Elle vous permet, comme la roulette à pâtisserie, d'obtenir des effets décoratifs.

◆ Traversez la pâte de part en part pour figurer une jolie dentelle.

4 ***Les emporte-pièce sont très pratiques d'emploi.***

Ils servent à découper et à enlever d'un seul coup une forme dans de la pâte abaissée.

◆ Si vous n'en disposez pas, réaliser un patron dans un carton épais.

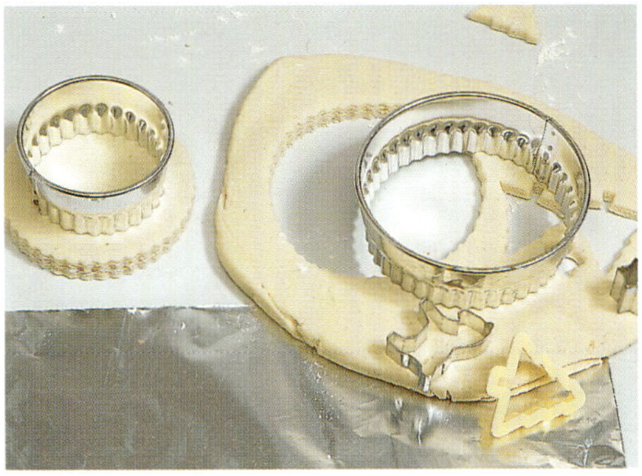

5 ***Le papier d'aluminium peut servir d'armature.***

Il soutient une pièce de modelage, le temps d'une première cuisson.

◆ Vous réaliserez aussi vos modelages sur le papier, pour les porter sans dommage au four.

6 ***Une aiguille à tricoter est parfois bien utile.***

Vous l'utiliserez pour disposer avec précaution les différentes pièces d'un modelage.

◆ Vous risqueriez de les déformer si vous les ajustiez avec les doigts.

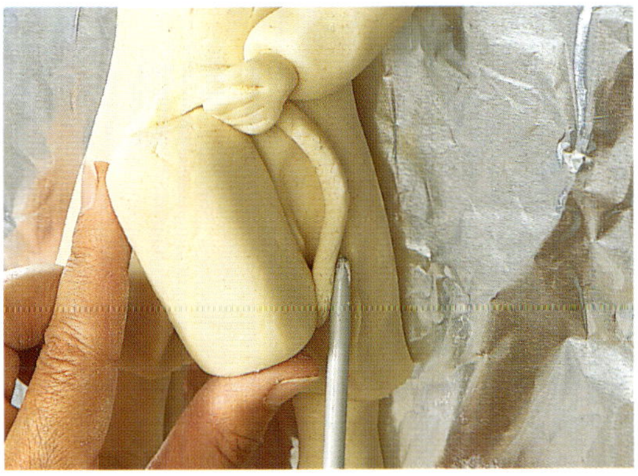

7 ***Une pomme plus vraie que nature !***

Planter un clou de girofle dans une pomme donne la touche finale à un modelage. Beaucoup d'autres éléments peuvent être ainsi détournés de leur usage.

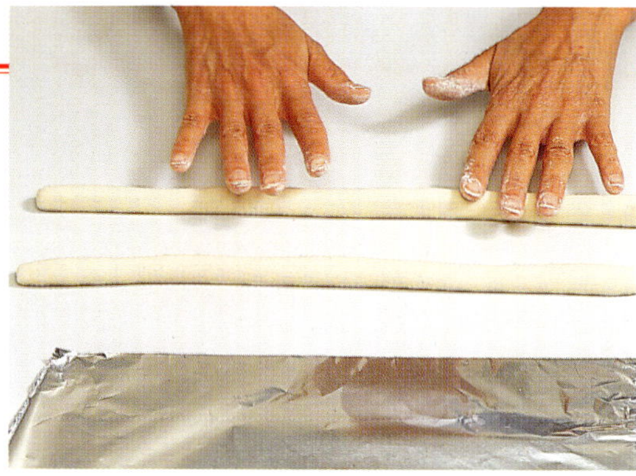

Vous allez maintenant modeler votre pâte à sel en suivant ces précieux conseils.

MODELAGE

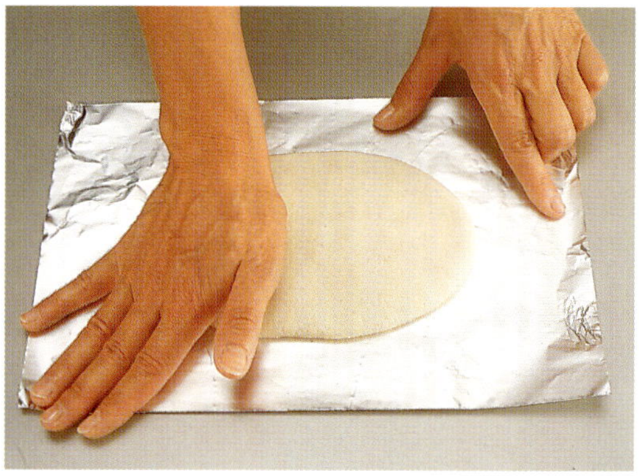

1 *Modelez directement sur le papier d'aluminium.*

Vous glisserez ensuite l'aluminium sur la plaque du four, cela pour éviter que le modelage ne se déforme.

◆ Le papier d'aluminium sera retiré à mi-cuisson.

2 *Quand vous ajoutez un élément : humidifiez.*

Cela consiste à mouiller les surfaces en contact, à l'aide d'un pinceau. L'eau agit comme de la colle. Humidifiez légèrement : trop d'eau déformerait le modelage.

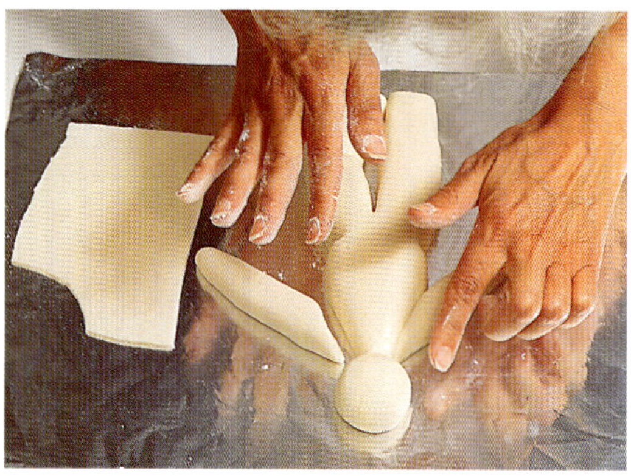

3 *Dans certains cas, lissez bien les éléments en contact.*

Trempez vos doigts dans l'eau et lissez bien les éléments de votre modelage. Les surfaces seront ainsi bien unies, et après la cuisson le raccord ne sera pas visible.

◆ *Conseil* ◆

Il est plus facile de modeler avec des mains propres et sèches. N'oubliez pas non plus de laver tous les instruments en fer utilisés : sinon ils rouilleraient vite à cause du sel en grande quantité dans la pâte.

Pour suspendre vos modelages, insérez des attaches ou pratiquez des petits trous dedans.

Fixation

1 ***Coupez dix centimètres de fil de fer par attache.***

Coupez du fil de fer avec la pince et recourbez-le en forme d'épingle à cheveux.

◆ Il faut une ou plusieurs attaches, selon le poids et la forme du modelage.

2 ***Insérez les attaches dans l'épaisseur du modelage.***

Pour un personnage, insérez une attache à mi-cuisson dans chaque épaule, doucement, afin de ne pas le déformer. Vous pourrez y glisser un ruban, puis le fixer au mur.

3 ***Pratiquez des petits trous avec une paille à boire.***

Ce mode de fixation convient aux petits sujets. Très simple, il consiste à glisser un ruban dans les trou.

◆ Faites les trous avant la cuisson.

V*os modelages en pâte à sel cuisent en deux fois, sauf ceux découpés à l'emporte-pièce.*

Cuisson

La première cuisson se fait à faible température, 100 °C, puis la seconde à 125 °C, ce qui permet un séchage régulier, sans boursouflures.

◆ Après la première cuisson, retirez le papier d'aluminium sur lequel vous aviez posé le modelage, pour que celui-ci sèche uniformément. Attention de ne pas vous brûler. Placez-le ensuite directement sur la grille à mi-hauteur du four.

◆ Procédez à la seconde cuisson, jusqu'à ce que le modelage soit bien sec des deux côtés, sinon enfournez pendant encore quelques minutes.

◆ La durée totale de la cuisson dépend bien entendu du volume du modelage. Il faut plusieurs heures pour des modelages épais ; les autres peuvent cuire en une seule fois.

La durée est indiquée pour chaque modelage. Elle peut varier légèrement selon votre four : aussi, rien ne vaut la pratique pour mesurer le temps nécessaire à la réussite de vos modelages.

Modelage d'aspect doré

Après la première cuisson, délayez un jaune d'œuf avec une ou deux cuillerées à soupe d'eau. Dorez-en le modelage au pinceau : votre pâte à sel prendra un bel aspect doré.

◆ Enfournez à nouveau et procédez à la seconde cuisson.

Cet aspect doré est idéal pour la couronne de l'Avent (voir pages 30-31) ou pour les petits bougeoirs de Noël (voir page 119).

◆ *Conseil* ◆

Faites cuire plusieurs modèles ensemble, si la chaleur de votre four se répartit bien régulièrement sur toute la plaque. Le four à chaleur tournante est idéal : le sujet séchera plus vite et plus uniformément que dans tout autre four. Cependant, un four électrique ou un four à gaz conviennent bien aussi. Seul mode de cuisson à proscrire : le micro-ondes, car les modelages se fendilleraient inévitablement.

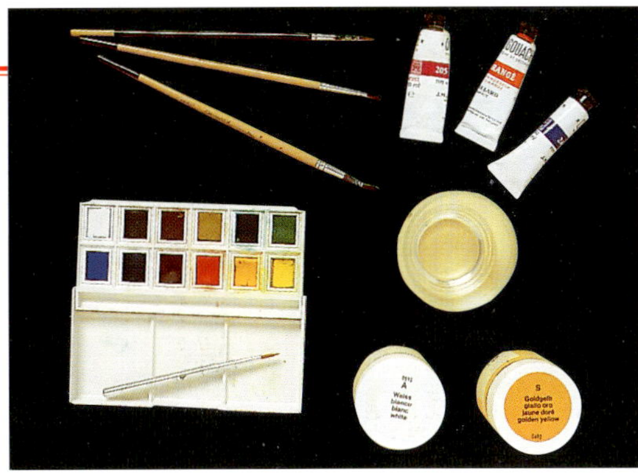

La peinture donne aux modèles un aspect vivant et personnel. Le vernis les protège.

PEINTURE

La gouache est facile d'emploi et moins coûteuse que les autres peintures.
L'aquarelle convient bien pour les visages et tous les effets délicats. Elle se présente en godets.
La peinture acrylique, quant à elle, est plus opaque. Elle présente une gamme de couleurs très attrayante par son étendue, mais son coût est plus élevé.

- Il est conseillé de toujours veiller à la compatibilité des matériaux, en conservant par exemple la même marque pour les gouaches et le vernis.
- Selon vos goûts, vous pouvez utiliser des peintures opaques ou transparentes.
- Il est possible de passer une première couche de blanc sur tout le modelage si vous avez choisi de le peindre.
- Peignez le visage et les accessoires en dernier. Pour le visage, exercez-vous au préalable sur une feuille de papier. Attendez le séchage complet d'une surface avant d'y ajouter un autre détail.
- Vous pouvez employer des patines d'or et d'argent, qui se vendent en petits pots et s'appliquent au chiffon. Elles ne doivent pas être vernies, sinon elles s'oxyderaient.
- On peut ajouter une note de couleur. Les crayons de couleur permettent d'accentuer ou de corriger et peuvent être effacés. Les feutres en revanche fixent leur couleur dans la pâte.

◆ *Conseil* ◆

Avant de peindre les modelages, vous pouvez les poncer avec du papier de verre fin pour les polir. Nettoyez-les aussi à l'aide d'un pinceau large, souple et sec, pour ôter le surplus de farine qui gênerait le travail.

Pinceaux

Pour les traits du visage et les détails, optez pour de bons pinceaux n° 2 et n° 4. Les pinceaux n° 6, n° 8 et n° 10 servent à étendre plus largement la peinture.
Une ou deux brosses plates vous seront utiles pour le pelage des animaux.
Vous utiliserez une brosse ronde à pochoir pour la robe tachetée du poney.
◆ Après l'utilisation des pinceaux ou des brosses, savonnez-les, et rincez-les abondamment à l'eau avant de les ranger.

Encres

Si vous voulez garder le grain de la pâte à sel et jouer sur les effets de transparence, utilisez des encres de type Écoline. Vous les achèterez, sous forme de flacon, dans les magasins pour travaux manuels. Vous pouvez les diluer, mais, attention, elles sont moins faciles d'emploi que l'aquarelle.

Vernissage

Appliquez deux ou trois couches au pinceau, en attendant chaque fois que la couche précédente soit bien sèche.
Utilisez différents types de vernis : brillant, mat ou satiné.
Servez-vous d'un vernis à base de résine synthétique, qui offre une bonne protection contre l'humidité.
◆ Si vous avez oublié de peindre un détail, ou si vous devez faire une retouche, vous pouvez peindre par-dessus le vernis. Laissez sécher, puis vernissez à nouveau.

◆ *Conseil* ◆

N'oubliez pas de tremper vos pinceaux dans du white-spirit après usage. Vous les laverez à l'eau tiède avec du savon, avant de les rincer et de les essuyer avec un chiffon.

Découvrez plein d'astuces pour réparer les modelages, les conserver, les entretenir.

Réparation

À la suite d'un choc, utilisez de préférence une colle à prise rapide pour recoller les morceaux.
Si la cassure n'est pas nette, ou le modelage simplement fissuré, colmatez avec de la pâte à sel allongée avec un peu d'eau et laissez sécher.
◆ Une fois sec, vous poncerez au papier de verre fin. Vous pourrez ensuite retoucher la peinture et revernir.

Conservation

Dans une pièce humide, les modelages se gorgent d'eau, ramollissent et finissent par tomber. S'ils deviennent mous, ne les faites surtout pas recuire : vous abîmeriez la peinture et le vernis. Laissez-les dans un endroit sec et aéré quelque temps, afin qu'ils durcissent à nouveau.
◆ Vous pourrez alors les revernir.

Entretien

Peu d'entretien est nécessaire. Soufflez la poussière déposée sur votre pâte à sel avec votre séchoir à cheveux, ou bien encore éliminez-la avec un gros pinceau souple et sec.
◆ N'utilisez jamais d'éponge humide.
◆ Vous pouvez revernir vos pâtes à sel de temps en temps, afin de leur donner un nouvel éclat.

Au fil de l'ouvrage, vous trouverez de nombreux personnages à installer dans une couronne, à accrocher au mur ou à poser au pied du sapin. Tous les détails de leur modelage sont donnés ici, et vous ne manquerez pas de vous y reporter. Le berger sert de modèle, comme les petites filles aux nattes et aux couettes. Vous commencerez par modeler la tête puis le corps, pour finir par les vêtements, le nez, les sabots, les mains, les coiffures. Les personnages féminins se distinguent par un choix plus grand de coiffures. À partir de là, vous pourrez créer à votre idée quantité d'autres personnages.

Comment modeler la tête, le corps, le nez, les sabots, les mains et la coiffure d'un personnage.

Tête

1 *Commencez bien sûr par réaliser la tête.*

Prenez un peu de pâte à sel et formez une boule lisse, légèrement ovale, que vous placez sur le papier d'aluminium. Puis pincez-la au niveau du cou.

Corps

2 *Modelez un gros colombin pour le corps.*

Un colombin est un boudin roulé sur la table. Raccordez-le au cou en humidifiant légèrement celui-ci au pinceau.
◆ L'eau sert en quelque sorte de colle.

3 ***Pincez le colombin, afin de marquer la taille.***

Avec l'index, de part et d'autre du colombin, exercez une bonne pression sur la pâte.

◆ Faites-le à environ la moitié de la hauteur du colombin.

4 ***Rien n'est plus simple que de réaliser les jambes.***

Séparez avec un couteau la base du colombin en deux parties égales pour former les jambes du personnage.

◆ Puis vous les écarterez légèrement.

5 ***Et de leur donner une attitude naturelle.***

Donnez aux jambes l'apparence du mouvement, en marquant les plis du pantalon avec une aiguille à tricoter.

◆ Vous pouvez les marquer plus ou moins.

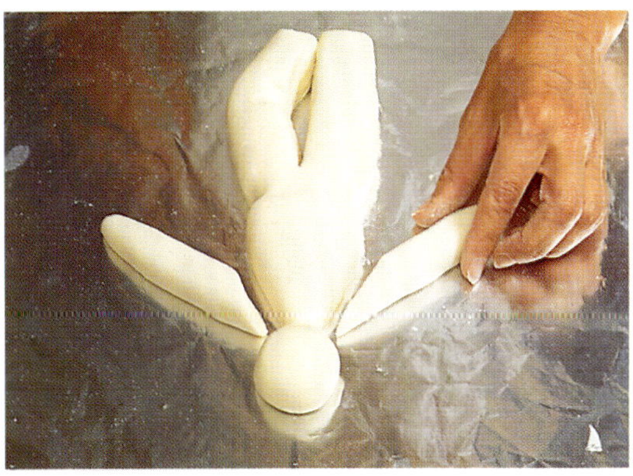

6 ***Pour finir, modelez les bras du personnage.***

Les bras sont réalisés à part. Roulez deux colombins de taille et de longueur identiques, et laissez-les écartés du corps, le temps de réaliser les vêtements.

VÊTEMENTS

7 ***Voici décrites les premières étapes du modelage.***

Étalez la pâte finement sur une table légèrement farinée. Découpez des formes simples, comme si vous faisiez de la couture. Puis placez le bras contre le corps.

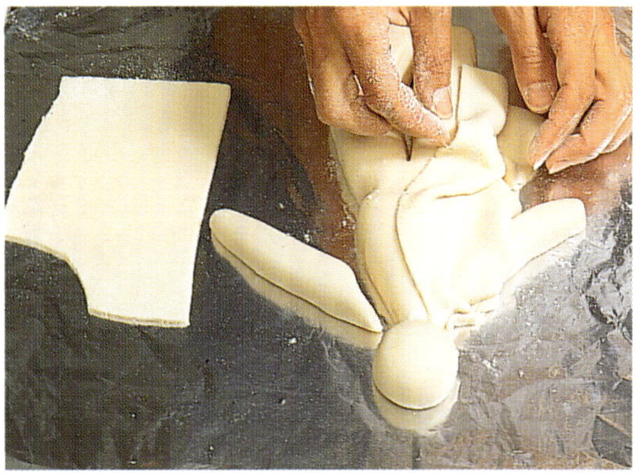

8 ***Disposez ensuite un pan du vêtement.***

Auparavant, n'oubliez pas d'humidifier les surfaces du corps en contact avec le vêtement.

◆ C'est essentiel pour que le vêtement adhère après la cuisson.

NEZ

9 ***Pour le nez, pincez la pâte et étirez-la légèrement.***

Procédez ainsi juste avant de placer les sourcils : vous marquerez de cette façon les ailes du nez.

◆ Disposez simplement une petite boule de pâte pour un nez d'enfant.

SABOTS

10 ***Les sabots sont simples à réaliser.***

Modelez une petite boule ovale. Placez-la de profil, et pincez le bout en le relevant légèrement pour rendre la forme pointue du sabot. Puis incisez le talon et évidez-le.

MAINS

11 ***Modelez deux petites boules légèrement aplaties.***

Pincez un bout pour figurer le poignet. Puis incisez la pâte pour marquer les doigts. Séparez le pouce.
◆ Pour des moufles, n'incisez que le pouce.

12 ***Pour finir, placez les mains du personnage.***

Creusez tout d'abord la manche à l'aide d'une aiguille à tricoter. Placez le poignet dedans, après avoir humidifié, en veillant à lui donner une position naturelle.

CHEVEUX COURTS

13 ***Pressez de la pâte au travers d'une passoire à thé.***

Vous obtiendrez des cheveux fins, mais aussi des sourcils ou des moustaches.
◆ Le presse-ail donne, quant à lui, des cheveux plus épais.

14 ***Et choisissez la coiffure qui conviendra.***

Humidifiez légèrement la tête du personnage, avant de prélever un peu de brins de pâte à l'aide du couteau.
◆ Disposez-les bien soigneusement.

Cheveux striés

15 ***Ou optez pour des cheveux striés.***

Étalez finement la pâte au rouleau et découpez dedans un rectangle.
◆ Marquez la raie du milieu profondément, puis striez au couteau les cheveux.

16 ***Ajustez bien ce rectangle de cheveux.***

Disposez ce rectangle sur le pourtour de la tête légèrement humidifiée, en pressant soigneusement la pâte à sel de part et d'autre du visage du personnage.

17 ***Puis découpez au couteau l'excédent de pâte.***

Lissez ensuite le tour de la tête avec un doigt trempé dans l'eau.
◆ Les cheveux courts servent aussi de point de départ pour réaliser les autres coiffures.

Nattes

18 ***Pour les nattes, roulez trois colombins.***

Faites-les le plus fins et réguliers possible, sur la table légèrement farinée.
◆ Tressez-les comme si vous faisiez de vraies nattes.

19 ***Cette coiffure est pleine de charme pour une fillette.***

Coupez la tresse en deux parties égales et placez les nattes de part et d'autre de la tête.

◆ N'oubliez pas d'humidifier les surfaces en contact.

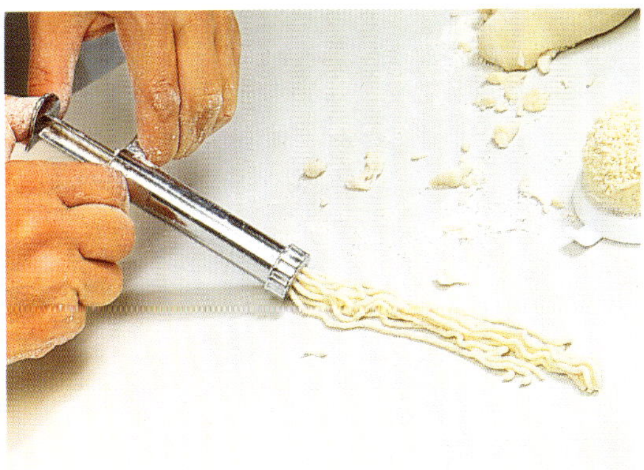

COUETTES

20 ***Pressez de la pâte avec une seringue de potier.***

Réalisez de fins colombins au moyen de cette seringue, achetée dans les magasins pour travaux manuels.

◆ Choisissez entre différents embouts.

21 ***Sur des cheveux courts, placez les couettes.***

Rectifiez la position des couettes avec un couteau, si nécessaire.

◆ N'oubliez jamais d'humidifier la tête du personnage avant de disposer les cheveux.

Faciles à réaliser, et pourtant si belles, les couronnes sont le meilleur moyen pour s'initier à la pâte à sel. Vous les réaliserez avec un, deux ou trois colombins, ou à l'aide d'une seringue de potier, matériel inhabituel, mais plein de ressources. De la plus simple à la plus compliquée, vous apprendrez étape par étape comment les réaliser. Vous les décorerez avec des baies, des citrons ou des oranges, des cœurs en pâte à sel, que vous peindrez de couleurs vives. Elles sont de toutes les saisons.

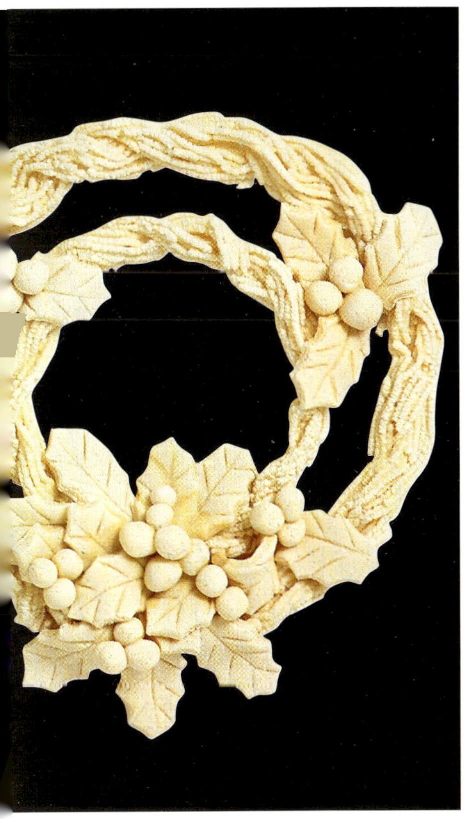

COURONNE DE L'AVENT

MODELAGE

Une coutume allemande est à l'origine de cette couronne : le premier dimanche de l'Avent, on allume une bougie placée sur la couronne, le dimanche suivant une autre, et ainsi de suite. À Noël, toutes les bougies sont allumées, à la grande joie de tous.

◆ Vous réaliserez toutes les couronnes à un colombin en suivant les étapes une à une. En fonction de leur décoration, elles seront plus ou moins larges.

1 *Commencez par modeler un gros colombin.*

Vous obtenez un colombin en roulant sur la table, légèrement farinée, une boule de pâte à sel avec la paume des mains.

◆ Faites-le bien épais, et surtout bien régulier.

2 *Le colombin servira de support à la décoration.*

Coupez net les extrémités du colombin, humidifiez, puis soudez-les pour former une couronne.

◆ Aplatissez cette couronne à la main de façon régulière.

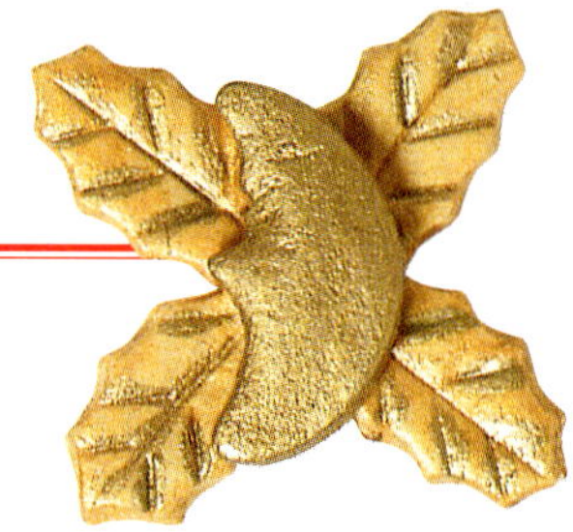

3 ***Réalisez un décor de feuilles et de fleurs.***

Découpez des feuilles de formes différentes dans de la pâte abaissée, en vous servant d'un couteau pointu.
◆ Puis striez-les pour marquer les nervures.

4 ***Ayez soin d'humidifier le pourtour.***

Disposez des feuilles sur le pourtour humide de la couronne. Serrez-les bien les unes contre les autres.
◆ Puis vous ornerez l'intérieur avec d'autres feuilles.

5 ***Décorez ainsi cette couronne de l'Avent.***

Placez les fleurs entre les rangées de feuilles, puis faites un trou au milieu de chacune.
◆ Vous y collerez une graine de genièvre après la cuisson.

6 ***Marquez l'emplacement des bougies avant la cuisson.***

Entourez les bougies de papier d'aluminium, et enfoncez-les à intervalles égaux dans la couronne.
◆ Retirez-les en ayant soin de laisser le papier dans l'empreinte.

CUISSON

Enfournez la couronne 1 h à 100 °C, ôtez les papiers laissés dans les empreintes, et prolongez la cuisson encore 1 h à 125 °C.

FINITION

Ne peignez surtout pas la couronne, qui doit garder son caractère naturel, mais vernissez-la pour la protéger de la poussière et de l'humidité.
◆ Puis vous collerez une graine de genièvre au centre de chaque fleur.

COURONNE DE CŒURS ET DE CHAMPIGNONS

MODELAGE

Cette couronne à deux colombins est aussi très simple à réaliser.

◆ Vous obtenez un colombin en roulant sur la table, légèrement farinée, une boule de pâte à sel avec la paume des mains.

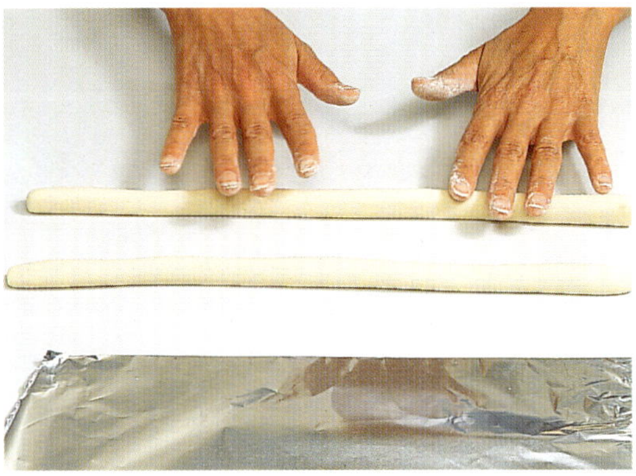

1 *Commencez par modeler les deux colombins.*

Roulez tout d'abord deux colombins de taille et de longueur identiques.

◆ Faites-les le plus réguliers possible, afin d'obtenir une belle couronne.

2 *Cette étape est essentielle pour réussir la couronne.*

Posez les colombins l'un sur l'autre, en les croisant en leur milieu.

◆ Si vous commenciez à tresser par une extrémité, les colombins pourraient se fendre.

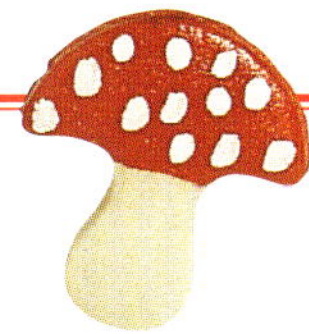

3 ***Enroulez ensemble vos deux colombins.***

Commencez par enrouler régulièrement et avec précaution vos deux colombins sur la table.
◆ Pivotez toujours le colombin de droite sur celui de gauche.

4 ***La couronne prend tournure maintenant.***

Déposez votre torsade sur le papier d'aluminium, puis formez une couronne de bonne taille.
◆ Coupez net les extrémités de la couronne, afin de la fermer.

5 ***Elle est prête à recevoir sa décoration.***

Humidifiez au pinceau, puis soudez les extrémités de la couronne.
◆ Vous la décorerez de feuilles, de cœurs et de champignons, découpés à l'emporte-pièce.

CUISSON

Cuisez votre couronne 1 h à 100 °C sur le papier d'aluminium. Retirez alors le papier, et placez le modelage à mi-hauteur dans le four 2 h à 125 °C.

FINITION

Les feuilles sont peintes à la gouache ; les cœurs et les champignons à l'aide d'un beau rouge vermillon acrylique.

COURONNE AUX JUMELLES

MODELAGE

Commencez par réaliser une couronne à deux colombins (voir pages 32-33).

1 ***Les cheveux sont obtenus à l'aide d'un presse-ail.***

Roulez une petite boule pour la tête et deux colombins pour les bras.
◆ Placez-les sur la couronne, comme si les petites filles étaient accoudées à une fenêtre.

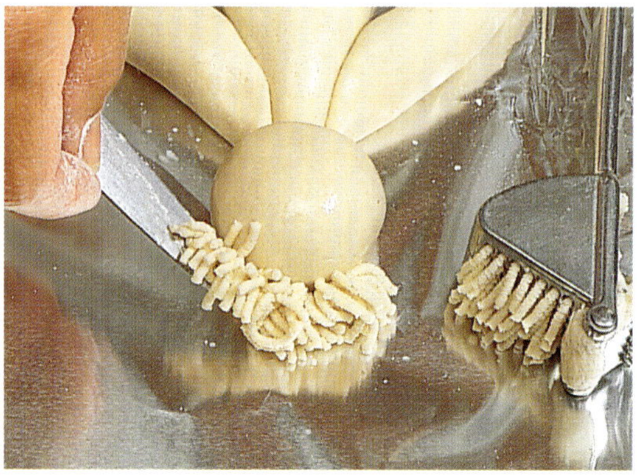

2 ***Il ne vous reste plus qu'à réaliser les mains.***

Incisez les doigts dans une petite boule de pâte aplatie, creusez la manche avec une aiguille et introduisez le poignet.
◆ Ayez soin à chaque fois d'humidifier.

CUISSON

Posez la couronne sur le papier d'aluminium, enfournez 1 h à 100 °C, retirez le papier, puis poursuivez la cuisson 2 h à 125 °C.

FINITION

Peignez les jumelles de couleurs vives, puis appliquez un vernis mat sur tout le modelage. Collez autour du cou de chacune une petite dentelle.

COURONNE DE FRUITS

MODELAGE

Modelez une couronne à deux colombins (voir pages 32-33).

1 ***Réalisez tous les éléments de la décoration.***

Découpez les feuilles de houx à l'emporte-pièce, striez les au couteau. Les fruits sont modelés à partir de boules de pâte.
◆ Plantez un clou de girofle dans la pomme.

2 ***Une aiguille à tricoter est toujours utile.***

Intercalez fruits et feuilles de houx. Une fois oranges et citrons en place, piquez-les avec l'aiguille pour rendre l'aspect bien particulier de leur écorce.

CUISSON

Faites cuire la couronne 1 h à 100 °C, retirez le papier d'aluminium. Puis placez votre modelage sur la grille du four, à mi-hauteur, 2 h à 125 °C.

FINITION

Les citrons sont peints à l'encre ; les autres fruits et les feuilles à la gouache.
◆ Vernissez ensuite, une fois la peinture sèche.
◆ Cette jolie couronne est de toutes les saisons.

COURONNE DE CŒURS

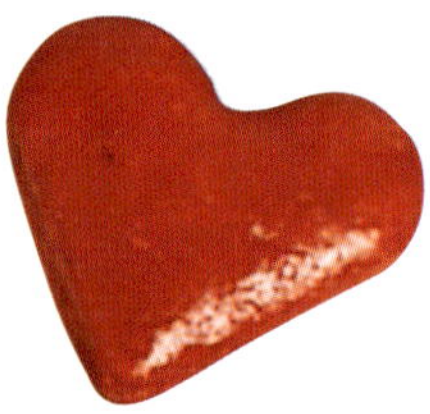

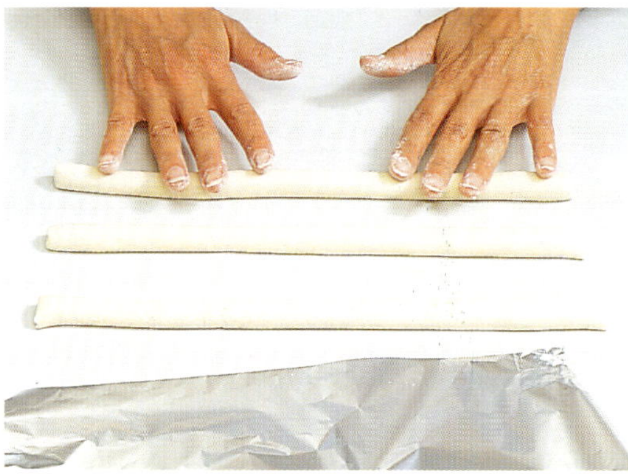

1 ***Commencez par modeler trois colombins.***

Roulez tout d'abord trois colombins de taille et de longueur identiques.
◆ Faites-les le plus réguliers possible, afin d'obtenir une belle couronne.

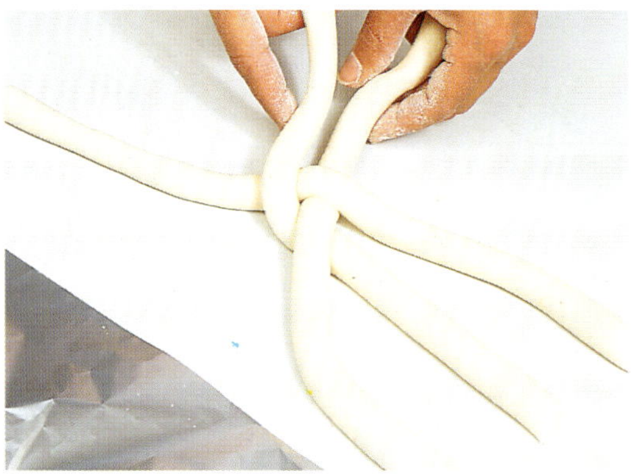

2 ***Cette étape du modelage est essentielle.***

Vous allez tresser les colombins par le milieu, comme indiqué.
◆ Si vous commenciez par une extrémité, les colombins pourraient se fendre.

MODELAGE

Cette couronne est faite avec trois colombins. Pour la réaliser, suivez attentivement les étapes décrites ici.
◆ Vous obtenez un colombin en roulant sur la table, légèrement farinée, une boule de pâte à sel avec la paume des mains.

3 ***Ne tressez pas par une extrémité.***

Mais tressez les trois colombins par moitié, bien régulièrement, jusqu'au bout.
◆ Faites passer le colombin de droite sur celui du centre.

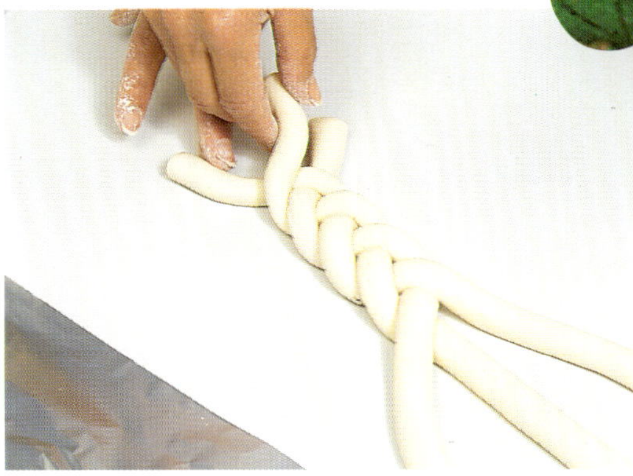

4 ***La couronne prend tournure maintenant.***

Formez une couronne de belle taille sur le papier d'aluminium. Coupez net les extrémités de la tresse au couteau.
◆ Vous humidifierez, puis souderez les extrémités.

5 ***Le décor est disposé en dernier sur la couronne.***

Découpez des feuilles et des cœurs avec différents emporte-pièce. Striez les feuilles pour figurer les nervures. Placez feuilles et cœurs, en ayant soin d'humidifier le pourtour.

CUISSON

Le modelage est épais : il faudra le cuire longtemps. Enfournez-le 1 h à 100 °C, ôtez le papier d'aluminium et prolongez la cuisson pendant 1 h 30 à 125 °C.

FINITION

Vous allez peindre cette couronne de couleurs vives à la peinture acrylique.
◆ N'oubliez pas de la vernir, afin de la protéger de la poussière et de l'humidité.

COURONNE DE HOUX

MODELAGE

Réalisez des couronnes avec une seringue de potier.

◆ Vous l'achèterez avec ses embouts dans un magasin pour travaux manuels.

1 ***Modelez des colombins avec la seringue de potier.***

Au moyen de la seringue, pressez un long colombin de pâte à travers l'embout. Vous obtenez des brins de taille et de longueur égales que vous rassemblez.

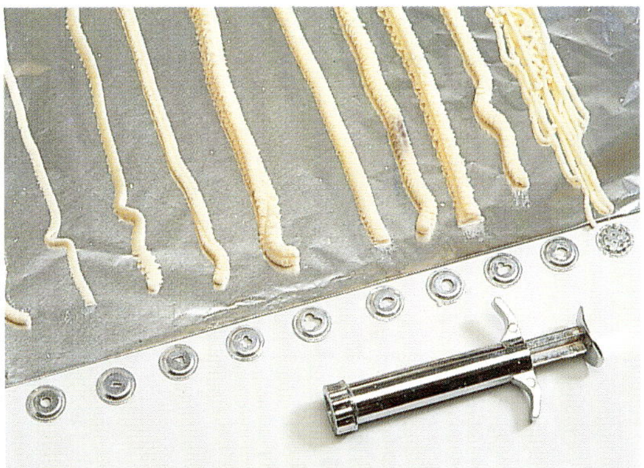

2 ***Variez les types de colombins grâce aux embouts.***

En changeant l'embout de la seringue, vous variez les tailles et les textures des brins.

◆ Faites plusieurs essais, avant de choisir un type d'embout.

3 ***Réalisez deux colombins constitués de nombreux brins.***

Identiques en taille et en longueur, posez-les l'un sur l'autre, en les croisant au milieu.

◆ Enroulez les deux colombins, et cela très régulièrement.

4 ***La double couronne de houx prend forme.***

Formez une première couronne, puis une seconde plus petite au centre.

◆ Vous couperez net leurs extrémités, les humidifierez et les souderez.

5 ***Maintenant disposez la décoration sur la couronne.***

Découpez des feuilles de houx à l'emporte-pièce dans de la pâte abaissée au rouleau, et placez-les sur la couronne.

◆ Cette décoration réunira les deux parties.

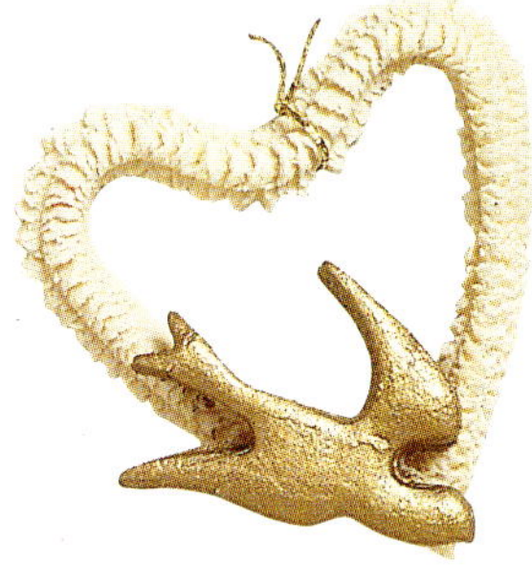

CUISSON

La cuisson de cette couronne est plus rapide que les précédentes. Enfournez-la 1 h à 100 °C, retirez le papier d'aluminium, puis poursuivez la cuisson pendant 30 min à 125 °C.

FINITION

Vous pouvez laisser la couronne naturelle, sans peinture ni vernis, ou bien utiliser un vernis mat pour la protéger de la poussière.

Les animaux sont un sujet idéal pour la pâte à sel. Ces modelages sont bien charmants. Réalisez des petits souriceaux endormis sous leur édredon, bien au chaud, ou un ours revenant du marché, les bras chargés d'un panier de cerises et d'une bonne miche de pain. Ou encore un poney, et un charmant lapin de Pâques, à glisser au milieu des œufs en chocolat. Leur modelage s'apparente à celui des personnages : une boule ovale pour la tête, un colombin fendu en deux pour les pattes, et le tour est joué !

SOURICEAUX ENDORMIS

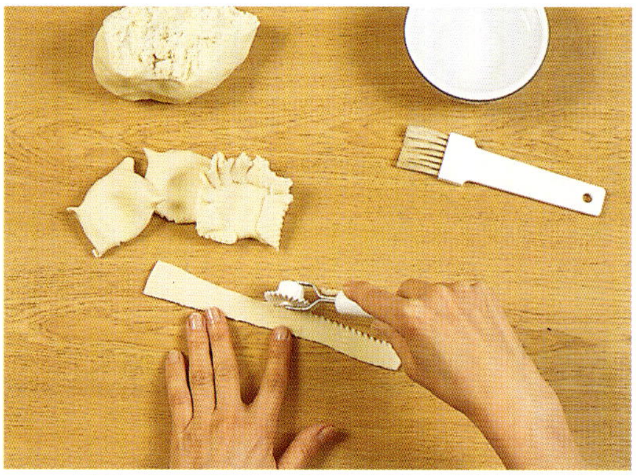

1 ***Réalisez tout d'abord les trois oreillers.***

Modelez des carrés de pâte, dont vous pincez les coins. Humidifiez-les et soudez-les ensemble.
◆ Bordez-les d'une bande crantée à la roulette, que vous froncez.

MODELAGE

Inspirez-vous librement de l'univers des livres pour enfants pour créer ces mignonnes petites souris.
◆ Ce modelage ira décorer leur chambre. Aussi, reproduisez les couleurs ou les motifs fleuris de celle-ci.

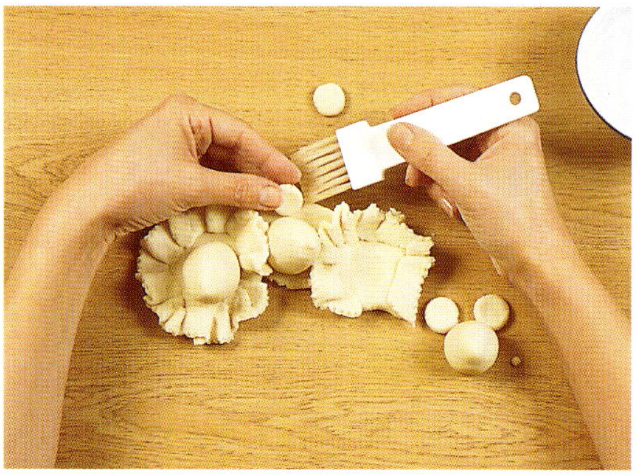

2 ***Puis modelez les petites frimousses des souriceaux.***

Formez trois têtes ovales et disposez-les sur les oreillers. Les oreilles sont des boulettes aplaties.
◆ Ajoutez une petite boule pour le museau, en humidifiant.

3 ***Les souriceaux sont modelés à partir de colombins.***

Modelez un colombin pour le corps, puis deux plus petits pour les bras.
◆ Vous disposerez les bras lorsque le drap et la couverture seront mis en place.

4 ***Couvrez-les d'un drap joliment cranté.***

Découpez le drap dans la pâte, crantez-le, puis placez-le sur la couverture.
◆ Vous ajouterez les mains : petites boules aplaties, aux doigts marqués au couteau.

5 ***Dernière touche au modelage : les édredons.***

Ajoutez les édredons : deux rectangles de pâte aux coins pincés.
◆ Terminez en disposant les queues longues et toutes fines des trois souriceaux.

Cuisson

Cuisez les souriceaux 1 h à 100 °C, puis retirez le papier d'aluminium. Placez le modelage sur la grille du four, à mi-hauteur, 2 h à 125 °C.

Finition

Les souriceaux sont peints au moyen de deux brosses plates, l'une trempée dans un gris clair, l'autre dans un gris plus foncé. Tapotez alternativement les brosses.
◆ Pour les détails, utilisez des peintures acryliques pastel, largement diluées au blanc.

OURS

MODELAGE

L'ours est l'animal préféré des tout petits enfants. Aussi modelez-le en leur compagnie, pour qu'il prenne vie devant leurs yeux.

◆ Simple à réaliser, il est composé de la tête, du corps et de quatre pattes.

1 ***Commencez par modeler la tête de l'ours.***

Sur le papier d'aluminium, déposez une boule pour la tête et placez deux boulettes légèrement aplaties pour les oreilles.

◆ Vous ajouterez ensuite le museau et la truffe.

2 *Assemblez la tête et le corps avec un cure-dents.*

Modelez le corps en forme de poire.
◆ Afin de maintenir la tête droite, insérez un cure-dents dedans, que vous plantez ensuite dans le corps.

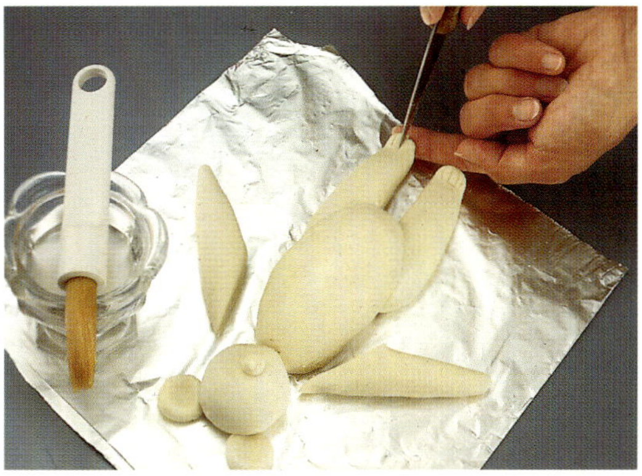

3 *Dessinez des griffes à chaque patte.*

Roulez quatre colombins pour les pattes. Marquez les griffes, en entaillant la pâte à sel au couteau.
◆ Vous pouvez aussi le chausser de gros sabots.

4 *Modelez un pull-over, une écharpe...*

Habillez-le comme vous l'entendez. Pour le pull-over, découpez sa forme dans la pâte abaissée au rouleau.
◆ Ou vous pouvez tout aussi bien le peindre.

5 *Variez les modelages en jouant sur les accessoires.*

Modelez les accessoires : un pain ou un panier rempli de victuailles.
◆ Si vous ne réalisez pas ce dernier en pâte à sel, glissez-le sous sa patte.

CUISSON

Cuisez l'ours 1 h à 100 °C, puis retirez le papier d'aluminium. Placez-le ensuite directement sur la grille du four, à mi-hauteur, 1 h 30 à 125 °C.

FINITION

Comme pour les souriceaux endormis, utilisez deux brosses plates, l'une trempée dans un brun clair, l'autre dans un brun plus foncé. Une fois le pelage sec, peignez les vêtements et les accessoires avec des peintures acryliques.
◆ N'oubliez pas de vernir.

PONEY

MODELAGE

Pour vous aider dans ce modelage, un patron figure page 136. Il vous suffira de le décalquer, et de reporter le calque sur un carton, que vous découperez.

◆ Mais vous pouvez aussi agrandir le patron deux à trois fois.

1 *Commencez par réaliser le corps du poney.*

Étalez la pâte à sel au rouleau sur une épaisseur d'environ 1,5 cm.

◆ Découpez la forme du poney à l'aide du patron que vous venez de réaliser en carton.

2 ***Disposez comme premier décor la selle et les sangles.***

Découpez tout d'abord ces éléments dans une abaisse de 3 ou 4 mm.
◆ Humidifiez le poney et mettez en place, avec beaucoup de soin, la selle et les sangles.

3 ***Pressez une bonne quantité de pâte.***

Au travers du presse-ail, vous obtenez de beaux brins de pâte, bien longs, pour la crinière et la queue.
◆ Disposez-les ensuite délicatement.

4 ***Chargez le petit poney de victuailles.***

Creusez des boules de pâte pour les paniers, que vous décorerez d'un motif de vannerie (voir page 62).
◆ Puis vous ajouterez quelques petits objets modelés à part.

CUISSON

Faites cuire le poney 1 h à 100 °C, puis retirez le papier d'aluminium. Placez-le à mi-hauteur dans le four, sur la grille, 2 h à 125 °C.

FINITION

Utilisez une brosse à pochoir, et mélangez deux tons pour peindre la robe du poney. Les paniers et les légumes sont peints à la gouache.

LAPIN DE PÂQUES

MODELAGE

La coutume des œufs de Pâques est partout très répandue. À l'origine, ils étaient durcis dans l'eau bouillante et leurs coquilles étaient peintes. C'est aujourd'hui une confiserie en chocolat. Alors qu'en France ce sont les cloches qui les apportent, en Allemagne ce sont les lapins qui s'en chargent.

1 ***Modelez les éléments sur le papier d'aluminium.***

Roulez une boule pour la tête et un colombin pour le corps. Incisez le bas du corps pour les jambes.
◆ Faites deux petites boules ovales pour les chaussures.

2 ***Donnez aux oreilles une position naturelle.***

Placez les bras, et creusez deux colombins pour les oreilles.
◆ N'oubliez pas de bien humidifier à chaque fois les éléments avec un pinceau.

3 ***Apportez tous vos soins aux œufs de Pâques.***

Les œufs sont modelés à part.
◆ Découpez de fines bandes de pâte pour figurer les rubans, que vous nouez délicatement autour des œufs.

4 ***Maintenant, rassemblez lapin et œufs.***

Disposez les œufs à leur place, l'un contre une jambe du lapin, et l'autre sur son ventre – les mains doivent s'appuyer dessus afin de le maintenir en place.

Cuisson

Faites cuire le modelage dans le four, à mi-hauteur, 1 h à 100 °C, et retirez alors le papier d'aluminium. Puis prolongez la cuisson du lapin encore 1 h 30 à 125 °C.
◆ Si vous souhaitez suspendre le lapin de Pâques, insérez une attache dans chaque épaule.
◆ Vous pouvez les fabriquer en recourbant un morceau de fil de fer.

Finition

Une peinture acrylique métallisée recouvre les rubans des œufs. Peignez les autres éléments avec des peintures acryliques mates.
◆ Passez ensuite un vernis acrylique brillant.

De la petite fille à la vendeuse d'ail, de l'enfant tenant un parapluie au berger, peuplez votre maison de tout un monde coloré... Vous pouvez les suspendre dans une chambre – prévoyez dans ce cas d'insérer des attaches dans chaque épaule. Ils ne sont pas aussi difficiles à réaliser qu'on pourrait le croire. Reportez-vous au modelage d'un personnage, en début d'ouvrage, pour les gestes de base : comment modeler la tête, le corps, les mains, les cheveux, les vêtements...

PETITE FILLE AUX NATTES

MODELAGE

Commencez par modeler la couronne à trois colombins que tient la petite fille (voir pages 36-37). Vous la décorerez de baies – petites boules de pâte à sel –, et de feuilles découpées à l'emporte-pièce dans de la pâte étalée au rouleau.

◆ Pendant la première cuisson de la couronne, réalisez la petite fille.

◆ Reportez-vous au modelage d'un personnage pour plus de précisions (voir pages 20-27).

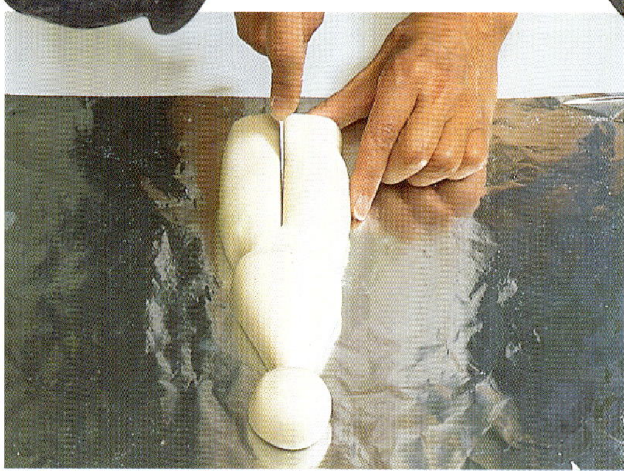

1 *Modelez la tête et le corps dans un premier temps.*

Formez une boule légèrement ovale pour la tête. Le corps est un boudin que vous pincerez pour marquer la taille. Coupez-le en deux parties égales pour obtenir les jambes.

2 *Premier élément de la coiffure : les cheveux striés.*

Découpez un rectangle dans de la pâte finement étalée au rouleau, et striez-le pour figurer les mèches. Marquez aussi la raie du milieu au couteau.

3 *Ajustez bien ce rectangle de cheveux striés.*

Disposez ce rectangle sur le pourtour de la tête humidifiée, en pressant bien de chaque côté.
◆ Puis vous découperez au couteau la pâte qui dépasse de la tête.

4 *Les nattes lui donnent tout son charme.*

Les nattes se modèlent à part. Roulez trois colombins, aussi fins et réguliers que possible.
◆ Vous les tresserez ensemble comme vous le feriez d'une natte.

5 *La petite fille prend tournure maintenant.*

Coupez la tresse en deux, et placez les nattes de part et d'autre de la tête.
◆ Vous pourrez poser ensuite les nœuds, les bras, et modeler les derniers petits éléments.

6 *Il ne vous reste plus qu'à réaliser les moufles.*

Incisez le pouce dans une petite boule de pâte légèrement aplatie.
◆ Pour placer la moufle, vous creuserez la manche avec une aiguille et y introduirez le poignet.

Cuisson

Faites cuire la couronne 30 min à 100 °C. Sortie du four et refroidie, posez-la sur la petite fille, et ramenez les bras sur elle. Placez les moufles et chaussez-la.
La fillette et sa couronne cuiront ensemble encore 4 h : 1 h à 100 °C et 3 h à 125 °C.
◆ À mi-cuisson, après avoir retiré le papier d'aluminium, enfoncez une attache dans chaque épaule, si vous projetez de suspendre le sujet.

Finition

Peignez les vêtements en rouge. Une fois cette première couche sèche, vous ajouterez les détails un à un.
◆ Donnez à la petite fille une expression mutine en peignant son visage avec un pinceau très fin.

ENFANT AU PARAPLUIE

MODELAGE

1 ***Modelez tout d'abord le petit garçon.***

Reportez-vous au modelage d'un personnage pour la tête et le corps (voir pages 20-27).
◆ Placez le vêtement du garçon, puis ramenez les bras dessus.

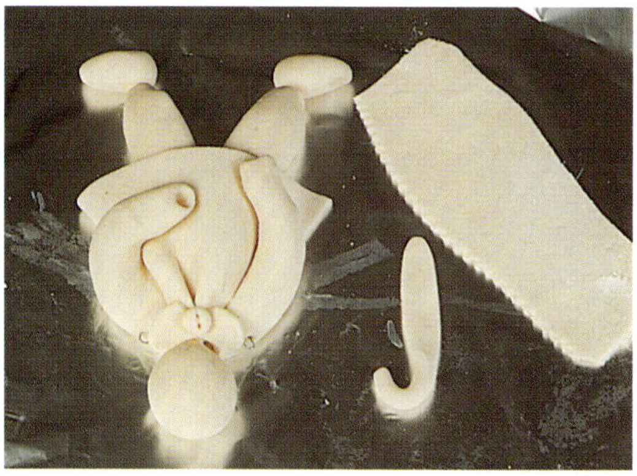

2 ***Le parapluie est un rectangle de pâte.***

Crantez-en un bord avec une roulette à pâtisserie, et plissez le rectangle en accordéon. Marquez le lien avec une aiguille.
◆ Les cheveux sont obtenus avec un presse-ail.

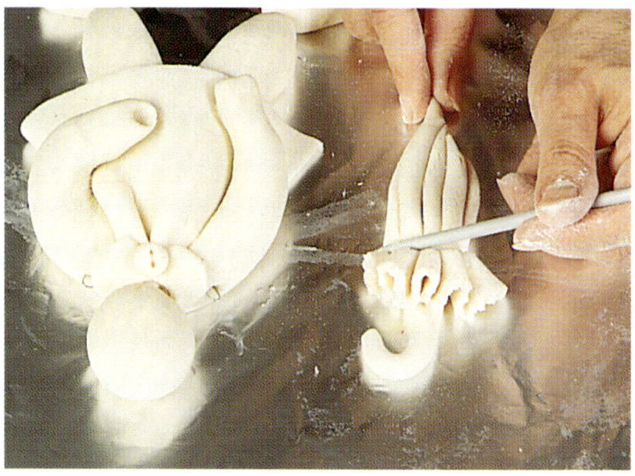

CUISSON

Faites cuire 1 h à 100 °C, retirez le papier d'aluminium sur lequel était posé le modelage, et poursuivez encore la cuisson 30 min à 125 °C.
◆ Si vous souhaitez le suspendre, insérez une attache à mi-cuisson dans chaque épaule. Vous pouvez les fabriquer en recourbant un morceau de fil de fer.

FINITION

Utilisez des encres Écoline, puis passez deux ou trois couches d'un vernis acrylique brillant.

PETITE FILLE AUX COUETTES

MODELAGE

1 ***Placez délicatement le bougeoir.***

Disposez-le à l'aide d'une aiguille à tricoter.
◆ Auparavant vous aurez réalisé la fillette en vous reportant au modelage d'un personnage (voir pages 20-27).

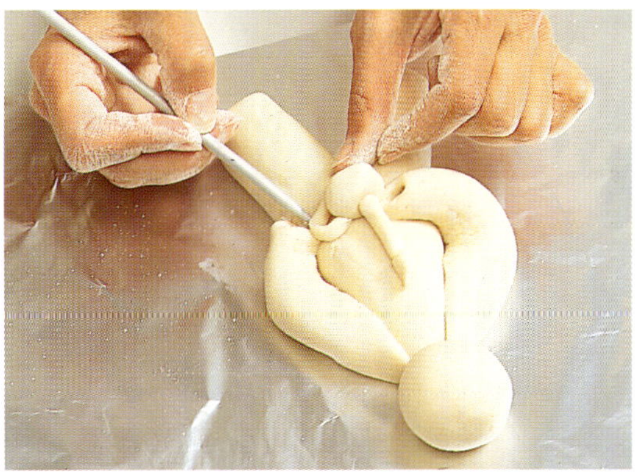

2 ***Les couettes sont réalisées en dernier.***

Au moyen d'une seringue de potier, pressez un colombin de pâte à sel.
◆ Rassemblez les brins, disposez-les de chaque côté de la tête, puis placez les petits nœuds.

CUISSON

Faites cuire 1 h à 100 °C, ôtez le papier d'aluminium, et enfournez à nouveau 3 h à 125 °C.

FINITION

Peignez cette petite fille avec des couleurs acryliques vives.

Berger

Modelage

Reportez-vous au modelage d'un personnage pour plus de précisions (voir pages 20-27).

◆ Ce berger, le tambourinaire et la vendeuse d'ail sont des santons, petites figurines qui décorent les crèches de Noël en Provence.

1 *Commencez par modeler le corps.*

Roulez une belle boule pour la tête. Modelez un colombin pour le corps, que vous pincez pour marquer la taille.

◆ Séparez le bas en deux pour les jambes.

2 ***Utilisez une aiguille à tricoter.***

Donnez au berger l'apparence du mouvement en fléchissant l'une de ses jambes.
◆ Marquez aussi les plis du pantalon à l'aide d'une aiguille à tricoter.

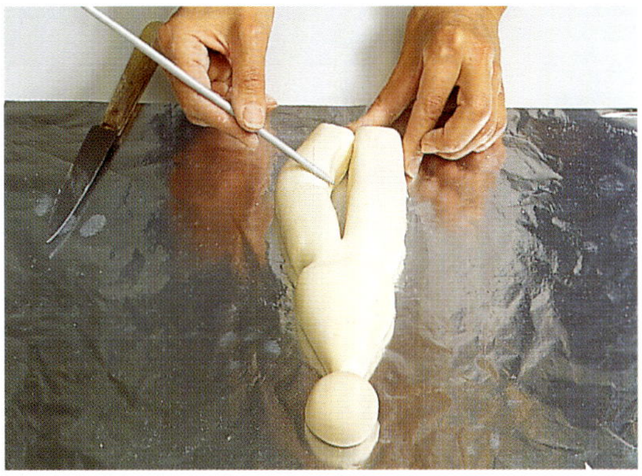

2 ***Modelez et placez le manteau du berger.***

Étalez la pâte pour y découper le vêtement, comme vous le feriez avec du tissu. Placez un premier pan sur le corps.
◆ N'oubliez pas d'humidifier à chaque fois.

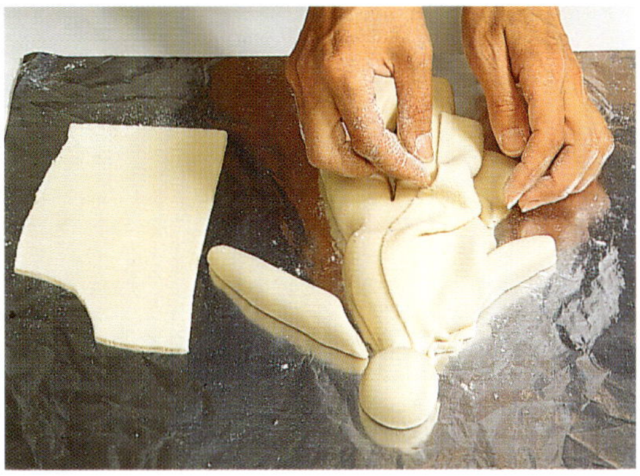

4 ***Vous allez le revêtir d'une cape chaude.***

Dans un demi-cercle de pâte, découpez deux pans de la cape que porte le berger sur ses épaules.
◆ Prenez auparavant ses mesures.

5 ***Donnez à la cape une texture.***

Cette cape va recevoir un motif à l'aide d'un bouton portant un relief, que vous pressez à intervalles réguliers dans la pâte, pour y laisser son empreinte.

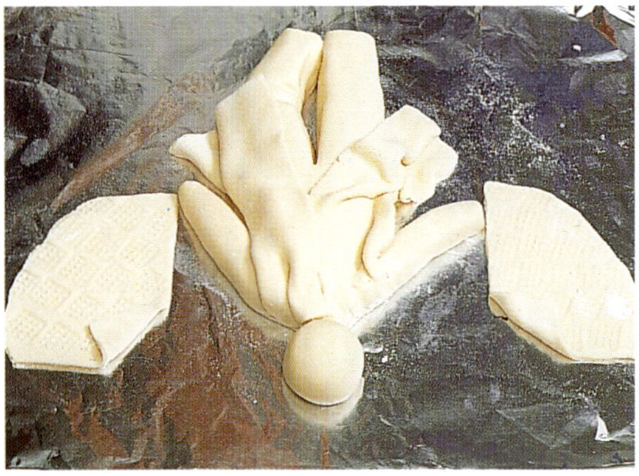

6 ***Finissez de vêtir le berger avec sa cape.***

Retournez auparavant le col au sommet des deux pans de la cape.
◆ Vous les disposerez, l'un après l'autre, sur le manteau, en humidifiant à chaque fois.

7 ***Vous allez réaliser les mains maintenant.***

Dans deux petites boules de pâte aplaties, incisez les doigts, le pouce plus profondément que les autres.
◆ Écartez-le légèrement. Pincez le poignet.

8 ***Placez-les dans les manches.***

Creusez les manches à l'aide d'une aiguille, pour y placer les poignets. N'oubliez pas d'humidifier auparavant.
◆ Puis donnez une position naturelle aux mains.

9 ***À présent, il convient de le chausser.***

Modelez deux boules ovales identiques.
◆ Pincez-en un bout en le relevant pour donner la forme du sabot. Incisez le talon au couteau, et évidez-le.

10 ***Comment vous modèlerez les cheveux.***

Une passoire à thé permet d'obtenir des brins pour les cheveux, les sourcils, la barbe.
◆ Prenez-en un peu, humidifiez la tête et disposez-les.

11 ***Commencez le modelage du chapeau.***

Réalisez le chapeau du berger en deux temps : roulez tout d'abord une boule de pâte et marquez le bord avec l'index, sur le demi-pourtour du chapeau.

12 ***Réalisez la dernière étape du modelage.***

Coupez bien droit l'arrière du chapeau, et, avec une aiguille, formez le pli du dessus.
◆ Vous le placerez sur la tête, après l'avoir bien humidifiée.

CUISSON

Faites cuire 1 h à 100 °C, ôtez le papier d'aluminium sur lequel vous aviez placé le modelage, et prolongez la cuisson 3 h à 125 °C.

FINITION

Peignez le berger avec des encres Écoline ; celles-ci permettent de garder une jolie transparence et de voir le motif de la cape.
◆ Passez deux ou trois couches de vernis mat.
◆ Pour finir, collez du lichen avec de la colle à bois.

TAMBOURINAIRE

MODELAGE

1 ***Le tambour prend appui sur la jambe.***

Placez le tambour sur la jambe, et ramenez les mains sur la sangle.

◆ Reportez-vous au modelage d'un personnage pour le corps et les vêtements (voir pages 20-27).

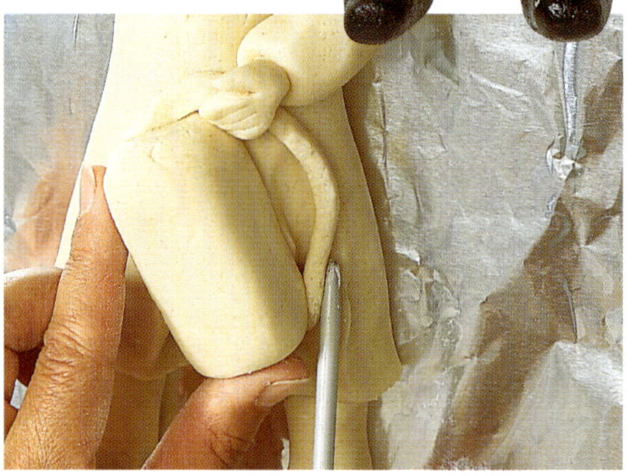

2 ***Prenez soin de bien disposer la sangle.***

Donnez-lui un mouvement souple à l'aide d'une aiguille à tricoter.

◆ N'hésitez pas à retoucher plusieurs fois la sangle pour trouver sa position exacte.

CUISSON

Faites cuire 1 h à 100 °C, ôtez le papier d'aluminium sur lequel vous aviez déposé le tambourinaire, et enfournez à nouveau 3 h à 125 °C.

FINITION

Peignez à la gouache et vernissez.

VENDEUSE D'AIL

MODELAGE

Reportez-vous au modelage d'un personnage pour réaliser le corps et les vêtements de la vendeuse d'ail (voir pages 20-27).

1 *Modelez deux tresses d'ail.*

La tresse d'ail est composée de deux colombins, enroulés sur eux-mêmes, auxquels vous ajoutez des petites boules pincées de pâte pour figurer les têtes.

CUISSON

Mettez au four 1 h à 100 °C, ôtez le papier d'aluminium et enfournez à nouveau 3 h à 125 °C.

FINITION

Les bruns utilisés sont des gouaches mélangées entre elles.

◆ Une fois le modelage peint et verni, collez une dentelle à l'intérieur du panier.

BÉBÉ DANS UN COUFFIN

1 ***Commencez par le couffin.***

Étalez la pâte sur une épaisseur de 0,5 cm.
◆ Vous la déposerez sur l'envers d'un ramequin recouvert de papier d'aluminium, et découperez le surplus de pâte.

MODELAGE

Ce modelage se fait en deux temps. Vous réaliserez tout d'abord le couffin, qui a pour armature un petit ramequin de forme ovale. Pendant la première cuisson du couffin, modelez les autres éléments.
◆ Pour le bébé, reportez-vous au modelage d'un personnage (voir pages 20-27).

2 ***Comment imiter la vannerie du couffin.***

À l'aide des dents de deux fourchettes, pincez la pâte régulièrement.
◆ Faites une première cuisson du modelage sur son ramequin 15 à 20 min à 120 °C.

3 ***Ajoutez la garniture du lit douillet du bébé.***

Découpez un feston dans une bande de pâte, que vous froncez sur le pourtour du couffin.
◆ Lissez bien le bord intérieur du feston pour le faire adhérer au couffin.

4 ***Marquez les plis du pyjama.***

Auparavant, déposez un matelas, et formez un oreiller, avec sa bordure crantée et froncée.
◆ Découpez aussi un drap que vous ajourez avec une paille à boire.

5 ***Les anses du couffin donnent la touche finale.***

Déposez le bébé dans son couffin, en plaçant en dernier bras et mains. Pour finir, torsadez deux colombins pour les anses, que vous soudez en humidifiant.

Cuisson

Enfournez le couffin avec son ramequin 15 à 20 min à 120 °C. Vous retirerez ensuite le petit ramequin et le papier, doucement, sans vous brûler.
Le modelage achevé, portez-le au four 1 h 30 à 120 °C.

Finition

Utilisez des peintures acryliques de gamme pastel. Cette gamme se prête très bien aux chambres d'enfants.
◆ N'oubliez pas de vernir.

C'est tout le charme d'une petite ville qui se dégage de ces modelages en pâte à sel. À l'automne, vous achèterez sur le marché des choux, du poisson, des fleurs. Vous vous souviendrez du temps où, à la sortie de l'école, vous alliez acheter des bonbons dans la petite boutique au coin de la rue. Ces scènes sont de véritables tableaux animés, tant par les personnages que par les décors. Regardez autour de vous, et vous trouverez l'inspiration pour d'autres réalisations : le jardin public, le cordonnier...

JARDINIER

MODELAGE

Reportez-vous au modelage d'un personnage pour le jardinier (voir pages 20-27).

◆ La réalisation des citrouilles et des choux verts est expliquée pages 88-89.

Vous allez apprendre à modeler ici un gros chou-fleur, qui décorera votre cuisine.

1 *Vous vous servirez d'un vrai chou.*

Procurez-vous un chou, retirez une grosse feuille. Étalez ensuite la pâte sur une épaisseur de 0,5 cm. Posez la feuille dessus, et repassez avec le rouleau à pâtisserie.

2 *Vous imprimez le motif de la feuille.*

Une fois que vous avez bien reproduit le motif, retirez doucement la feuille.

◆ Renouvelez cette opération autant de fois que nécessaire.

3 *Le chou-fleur est en train de prendre forme.*

Mettez un papier d'aluminium à l'intérieur d'un bol allant au four. Disposez vos feuilles de pâte.

◆ Vous placerez au centre une boule ou trois charmants bébés.

CUISSON

Ce modelage est assez épais. Faites-le cuire 2 h avec le bol, retirez bol et papier d'aluminium, puis poursuivez la cuisson encore 3 h à 125 °C.

FINITION

Le jardinier est peint à la peinture acrylique. Les légumes, quant à eux, sont peints à la gouache.

◆ Une fois le vernis sec, vous pouvez coller quelques fleurs séchées.

POISSONNIÈRE

MODELAGE

Reportez-vous au modelage d'un personnage (voir pages 20-27) pour réaliser cette marchande de poisson.

◆ Les cheveux sont colorés dans la masse avec du colorant alimentaire jaune. Les paniers et les poissons sont teintés avec des épices telles que le curry, la cannelle ou le paprika.

1 *Modelez les éléments de l'étal.*

Réalisez le plateau de la table et quatre colombins de dimensions égales.
◆ Procédez à une première cuisson de ces éléments séparément, 15 min à 100 °C.

2 *Humidifiez avant d'assembler l'étal.*

Vous aurez auparavant enfoncé dans chacun des pieds une moitié de cure-dents, pour assurer la stabilité de l'étal.
◆ Humidifiez les éléments, puis assemblez.

CUISSON

Les éléments de l'étal cuiront séparément une première fois 15 min à 100 °C. Une fois monté, faites cuire l'étal 30 min à 100 °C. Retirez-le du four, disposez dessus les poissons et les crabes, en humidifiant légèrement. Pour un complet séchage, placez le modelage à mi-hauteur 30 min supplémentaires à 110 °C.

FINITION

Utilisez de préférence de la gouache largement diluée.
◆ N'oubliez pas de vernir.

CHARRETTE DU FLEURISTE

MODELAGE

1 ***Modelez les éléments de la charrette séparément.***

◆ Faites-les cuire 40 min à 100 °C.
Assemblez ces éléments avec des morceaux de fil de fer, et consolidez avec de la pâte à sel un peu liquide.

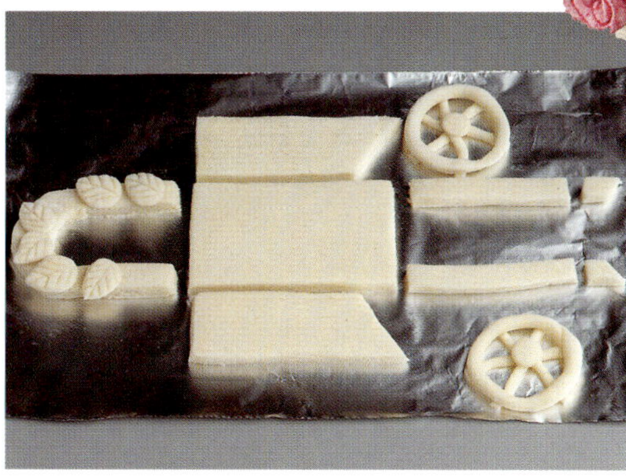

2 ***Maintenant, décorez la charrette.***

Pour réaliser une rose, enroulez sur elle-même une bande de pâte finement étalée.
◆ Donnez-lui la forme d'une fleur à peine éclose.

3 ***Montez chaque rose sur une tige métallique.***

Pour la faire tenir sur la charrette, enfoncez une tige dedans avec beaucoup de précaution.
◆ Vous pouvez réaliser toutes les autres fleurs de cette façon.

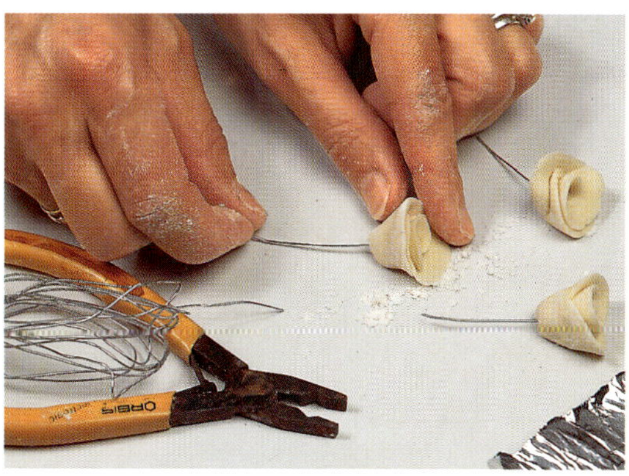

CUISSON

Après la première cuisson de 40 min à 100 °C, assemblez la charrette, et enfournez-la 1 h à 100 °C. Portez la charrette avec son décor au four une dernière fois pendant 30 min à 100 °C.
◆ La charrette restera couchée sur le côté pendant les cuissons.

FINITION

Peignez soigneusement les petites fleurs et la charrette à l'acrylique.
◆ Vous pouvez coller des fleurs séchées, une fois le modelage peint et verni.

MARCHAND DE BONBONS

1 *Commencez par réaliser la façade de la boutique.*

Étalez la pâte à sel sur 1 cm d'épaisseur, et découpez un rectangle. Évidez ensuite la vitrine, puis la porte.

◆ Faites cuire 30 min à 100 °C.

MODELAGE

Plus la vitrine sera garnie et variée, plus elle aura du charme. Modelez des bocaux pour les caramels, les bonbons...

2 ***Décorez la porte comme bon vous semble.***

Modelez la porte et striez-la. Ajoutez une boîte à lettres consistant en une petite bande de pâte que vous humidifiez.

◆ Procédez à une autre cuisson 30 min à 100 °C.

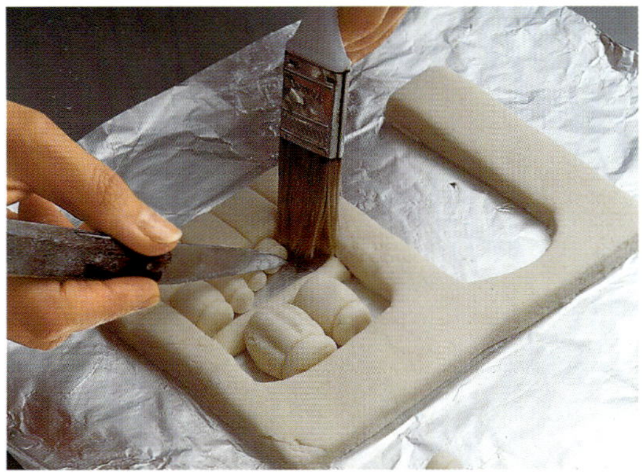

3 ***Et maintenant, les bocaux de bonbons.***

Modelez les bocaux à part, en variant les tailles et les formes. Puis installez-les sur les étagères, en les faisant se toucher pour la solidité de l'ensemble, une fois cuit.

4 ***Cette étape du modelage est importante.***

Installez la porte contre le chambranle, en humidifiant. Maintenez-la ouverte avec une boule de papier d'aluminium coincée dessous, que vous laisserez pendant la cuisson.

5 ***Terminez la boutique en imaginant un joyeux décor.***

Vous pouvez compléter le décor de la vitrine avec des feuilles de houx, des baies ou encore avec de gros nœuds.

◆ Libre à vous de varier les éléments.

CUISSON

Après les deux cuissons de 30 min à 100 °C de la seule façade, enfournez le modelage avec la porte et le décor pendant 30 min à 100 °C.

FINITION

La boutique est peinte à l'aquarelle largement diluée.

◆ Une fois le vernis bien sec, vous pouvez coller une dentelle avec de la colle forte.

ÉCOLE

1 ***Partez d'un rectangle pour réaliser ce modelage.***

Découpez-le dans de la pâte abaissée. Prévoyez le volume du toit plus épais que la façade. Évidez les lucarnes, et marquez la porte et les fenêtres.

MODELAGE

Inspirez-vous de l'école de votre enfant pour ce modelage.

2 ***Couvrez le toit comme un vrai artisan couvreur.***

Les tuiles sont des petites boules aplaties. Faites-les se chevaucher légèrement les unes sur les autres, jusqu'au faîte.
◆ N'oubliez pas de bien humidifier.

3 ***Terminez par la réalisation des lucarnes.***

Les lucarnes sont en saillie sur la couverture. Aussi, avant de les recouvrir de tuiles, ajoutez un triangle au-dessus.
◆ Puis insérez une attache pour la cloche.

4 ***Donnez un air champêtre à cette école.***

Mettez en place les volets. Ensuite, pressez de la pâte au travers d'un presse-ail. Les brins ainsi obtenus formeront l'herbe en bordure de l'école.

CUISSON

Faites cuire le modelage en une seule fois 2 h 30 à 100 °C, ôtez le papier d'aluminium, puis poursuivez la cuisson encore 30 min à 125 °C.

FINITION

Utilisez de la gouache pour peindre l'école, puis vernissez.
◆ Une fois le vernis bien sec, ajoutez une petite cloche dans la lucarne.

La pâte à sel se prête remarquablement bien au décor de table. Modèles de fête, comme la bougie d'anniversaire à la petite fille, mais aussi de tous les jours, comme les ronds de serviette et les porte-couteaux. La pâte à sel permet de varier les décors au rythme des saisons. Décorez votre table de bougeoirs en botte de radis au printemps, de bougeoirs maïs en été, de bougeoirs aux champignons à l'automne...

RONDS DE SERVIETTE ET PORTE-COUTEAUX

MODELAGE

1 ***Humidifiez bien avant de déposer la décoration.***

Modelez des colombins d'épaisseur et de longueur identiques. La jonction du rond de serviette est masquée par des fruits, des légumes ou encore des fleurs.

2 ***Une petite astuce pour imiter la pomme.***

La pomme est une petite boule de pâte bien ronde, posée sur quelques feuilles.
◆ Plantez un clou de girofle dans chacune des pommes.

CUISSON

Faites cuire les ronds de serviette et les porte-couteaux sur le papier d'aluminium 30 min à 100 °C. Ôtez le papier et placez les modelages directement sur la grille 30 min à 125 °C.

FINITION

Pour peindre les ronds de serviette en blanc, utilisez de préférence de la peinture acrylique qui ne craquellera pas en séchant.

Gâteaux

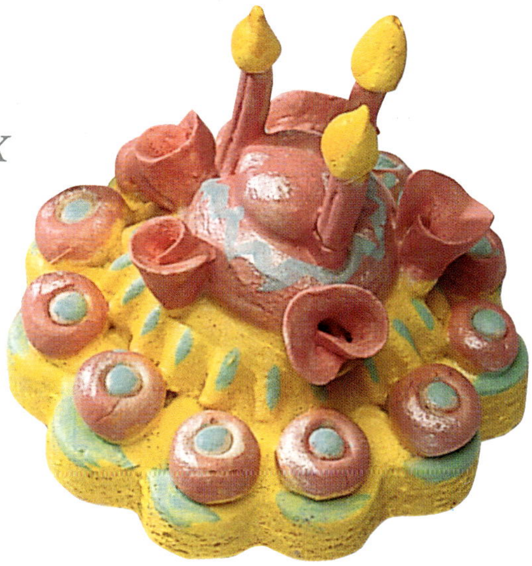

Modelage

Ces gâteaux apportent une note de gaieté à un goûter d'enfants.

1 ***Sur le gâteau, ajoutez la décoration de votre choix.***

Dans une pâte épaisse de 3 ou 4 mm, découpez le plat et les différentes couches superposées du gâteau, à l'aide d'emporte-pièce de formes et de tailles variées.

Cuisson

Cuisez les gâteaux 30 min à 100 °C, retirez le papier d'aluminium, puis placez-les directement sur la grille 30 min à 125 °C pour un complet séchage.
◆ Si vous ajoutez des bougies en pâte à sel sur les gâteaux, cuisez-les quelques minutes, puis enfoncez-les doucement dedans.

Finition

Utilisez des peintures acryliques pastel.

BOUGIE D'ANNIVERSAIRE À LA PETITE FILLE

1 ***Le corps prend appui sur les jambes.***

C'est d'elles que dépend l'équilibre du modelage. Modelez un cône pour le corps, puis ajoutez les jambes, les socquettes et les chaussures, en humidifiant bien.

2 ***Imprimez un motif sur la jupe avec un bouton.***

Étalez tout d'abord finement la pâte à sel au rouleau, et découpez un rectangle pour la jupe, dont vous crantez un bord avec une roulette à pâtisserie.

MODELAGE

Placez dans les bras de la petite fille des bougies, comme ici, ou des fleurs séchées, des bonbons...
◆ Reportez-vous pour plus de précisions au modelage d'un personnage (voir pages 20-27).
Vous disposerez cette bougie d'anniversaire à la petite fille sur la table.

3 ***Réalisez les autres pièces du vêtement.***

Pour le chemisier, découpez un rectangle plus large, que vous crantez et trouez à l'aide d'une paille sur toute la longueur. Crantez et ajourez aussi le col.

4 ***Enfoncez doucement un cure-dents dans le corps.***

Ce cure-dents soutiendra le poids de la tête.

◆ Au préalable, vous aurez fait cuire le modelage 30 à 40 min à 100 °C, après avoir placé les bras et les mains.

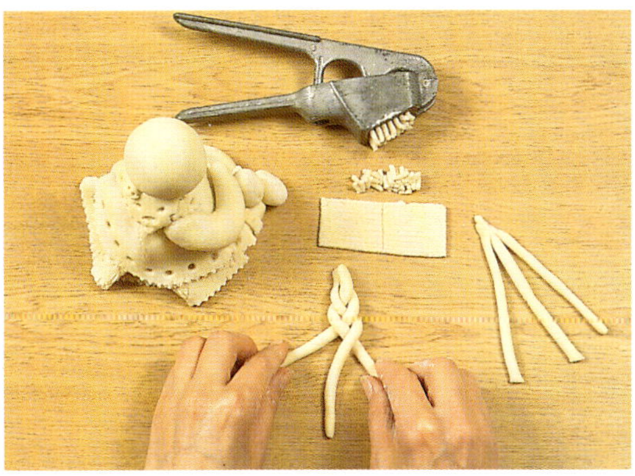

5 ***Achevez le modelage par la coiffure.***

Auparavant, faites cuire à nouveau le modelage 20 à 30 min à 100 °C.

◆ Une fois refroidi, ajoutez la coiffure : une bande de cheveux striés, des nattes et une frange.

CUISSON

Après les deux premières cuissons, 30 à 40 min à 100 °C, puis 20 à 30 min à 100 °C, enfournez une dernière fois la petite fille 2 h 30 à 110 °C, à mi-hauteur.

FINITION

Vous trouverez une large palette de couleurs dans les peintures acryliques, que vous pouvez agrémenter de peintures nacrées.

BOUGEOIR EN BOTTE DE RADIS

1 *Comment faire tenir debout la bougie.*

Au centre d'une boule de pâte aplatie avec la paume de la main, enfoncez une bougie entourée de papier d'aluminium.
◆ Ôtez-la, et laissez le papier en place.

MODELAGE

Les étapes pour réaliser le socle de ce bougeoir sont identiques pour tous les bougeoirs de cet ouvrage. Suivez-les bien attentivement.
◆ Ce bougeoir s'accompagne de petites bottes de radis, que vous placerez dans les assiettes de vos invités.

2 *Réalisez la décoration du bougeoir.*

À l'aide d'un emporte-pièce, réalisez plusieurs feuilles de radis, que vous striez au couteau.
◆ Si vous ne disposez pas d'emporte-pièce, découpez-les.

3 ***Amusez-vous à modeler des radis.***

Modelez un grand nombre de petites boules de pâte à sel. L'une après l'autre, pincez-les délicatement entre le pouce et l'index. Vous venez de réaliser de beaux radis.

4 ***Placez maintenant la botte de radis.***

Disposez quelques radis, puis les feuilles que vous superposez.
◆ Humidifiez le socle du bougeoir au pinceau avant d'y déposer la botte.

5 ***Laissez libre l'emplacement pour la bougie.***

Disposez les radis ainsi regroupés sur le socle. Aidez-vous si besoin d'un couteau pour les placer correctement.
◆ Trois à quatre bottes peuvent prendre place.

6 ***Ce bougeoir s'accompagne d'une botte de radis.***

Réalisez une autre botte de la même façon que pour le bougeoir.
◆ Pour la suspendre au mur, insérez une attache – un fil de fer recourbé – au dos.

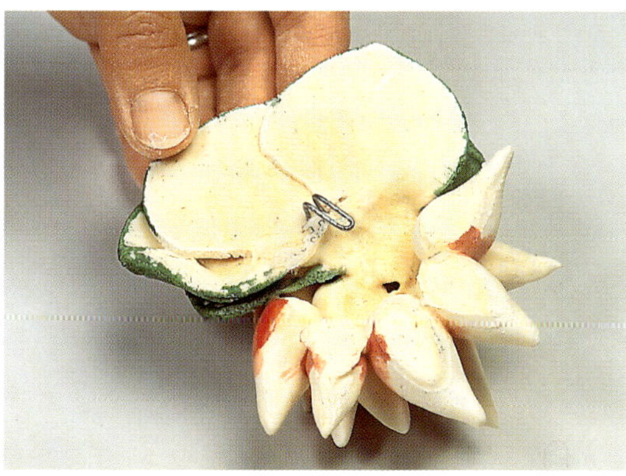

CUISSON

Faites cuire ensemble le bougeoir, avec son papier toujours en place, et quelques bottes de radis pendant 1 h 30 à 100 °C. Ôtez le papier et prolongez la cuisson pendant 1 h à 125 °C.

FINITION

Peignez les petites bottes à l'aquarelle.

BOUGEOIR MAÏS

MODELAGE

Les étapes de la réalisation du socle sont expliquées pages 82-83.

1 ***Réalisez cinq beaux épis de la façon suivante.***

Modelez dans une boule un cône arrondi à la base. Découpez deux ou trois feuilles dans de la pâte abaissée, striez-les, et formez un petit colombin pour la tige.

2 ***Disposez sur le cône des boulettes bien serrées.***

Rangez-les en ligne. Puis enveloppez l'épi dans les feuilles, et ajoutez la petite tige.

◆ Vous placerez les cinq épis obtenus sur le socle humidifié.

CUISSON

Faites cuire le modelage 1 h à 100 °C, retirez le papier d'aluminium, puis placez le bougeoir directement sur la grille pour 1 h de cuisson à 125 °C.

FINITION

Peignez le socle à l'aquarelle : une première couche de jaune sur tout le modelage et des touches orange sur les grains pour leur donner du relief.

◆ Complétez la décoration du bougeoir en ajoutant quelques baies entre les épis.

BOUGEOIR AUX CHAMPIGNONS

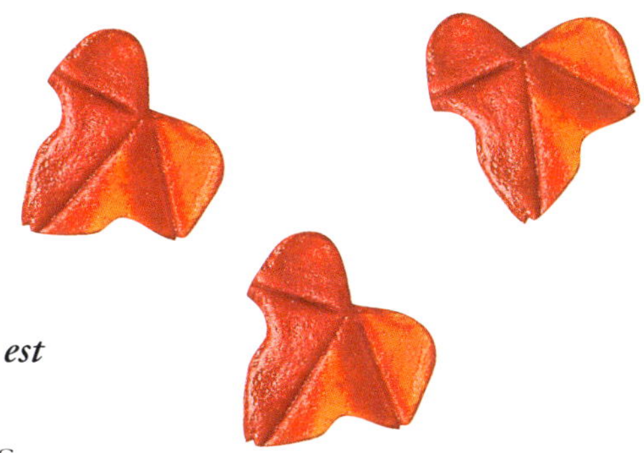

MODELAGE

1 ***Modeler une noisette est un jeu d'enfant.***

Préparez des boulettes de forme ovale pour les noisettes. Découpez de fines bandes de pâte à sel abaissée et crantez-les régulièrement sur une longueur.

2 ***Réalisez ainsi un grand nombre de noisettes.***

Tenez dans votre main la noisette à peine humidifiée, puis entourez-la de la bande crantée.

◆ Vous disposerez les noisettes trois par trois entre les champignons.

CUISSON

Enfournez le bougeoir 1 h à 100 °C, retirez le papier d'aluminium, puis placez le modelage sur la grille 1 h à 125 °C pour un séchage complet.

FINITION

Peignez les feuilles et les noisettes à l'aquarelle, les champignons à la peinture acrylique.

◆ Une fois le vernis sec, vous pouvez coller quelques brins de mousse bien sèche.

Vous prendrez plaisir à meubler et décorer une maison de poupées. Grâce aux modelages présentés ici, vous allez réaliser l'ameublement complet, pièce après pièce, de la maison : la cuisine et sa vieille cuisinière à bois, la salle de séjour et son divan confortable, la chambre et son lit douillet... sans oublier le jardin potager. À la fin de l'ouvrage, vous trouverez les patrons qui vous aideront à construire, si vous le souhaitez, une maison en contreplaqué pour y placer toutes ces miniatures.

JARDIN POTAGER

MODELAGE

Légumes et fleurs poussent dans ce jardin. Vous allez découvrir ici comment modeler des choux verts, des citrouilles et les galets.

◆ La réalisation des choux-fleurs est expliquée pages 66-67.

1 ***Toute la décoration du jardin tient sur un socle.***

Vous obtenez un socle en aplatissant une boule de pâte à sel sur le papier d'aluminium avec la paume de la main. Il doit être suffisamment large pour tout contenir.

2 ***Regroupez quelques gros choux verts dans un coin.***

Aplatissez quelques boules de pâte, puis groupez-les autour d'une boule. Avec le chou-fleur, vous disposez ainsi de plusieurs variétés de choux.

3 ***Agrémentez votre jardin de quelques citrouilles.***

Pour réaliser une belle citrouille, marquez les quartiers dans une boule de pâte, à l'aide d'une aiguille à tricoter.

◆ Vous collerez ensuite la queue en humidifiant.

4 ***Faites aussi un jardin de type rocaille.***

Les galets du jardin sont des boulettes de pâte aplaties. Placez-les sur le socle, en les faisant se chevaucher.

◆ N'oubliez pas d'humidifier à chaque fois.

5 ***Que serait un jardin sans mauvaises herbes...***

Pour ajouter des touffes d'herbe, pressez de la pâte au travers du presse-ail. Placez des brins d'herbe à de multiples endroits : entre les galets, les légumes...

CUISSON

Le potager va cuire 4 h à 100 °C, puis, après avoir retiré le papier d'aluminium, encore 1 h à 125 °C.

◆ Si le socle se boursouflait pendant la cuisson, supprimez les bulles d'air en pressant légèrement, ou bien en les perçant avec la pointe d'un couteau.

FINITION

Utilisez de préférence de l'aquarelle pour les légumes, et de la peinture acrylique ou de la gouache pour les fleurs.

FENÊTRE AUX ROSES

MODELAGE

1 ***Ajoutez le parement de pierres.***

Placez un colombin en arc de cercle, et coupez net ses extrémités. Disposez le rebord de la fenêtre et son meneau, puis striez au couteau les veines du bois.

2 ***Et agrémentez la fenêtre de roses délicates.***

Les roses sont des petites boules de pâte aplaties, enroulées sur elles-mêmes.

◆ Striez le feuillage au couteau, après l'avoir découpé.

CUISSON

Faites cuire 1 h à 100 °C, puis 2 h à 120 °C.

FINITION

Après avoir peint à l'acrylique et verni votre modelage, placez une petite dentelle à la colle forte derrière la fenêtre.

PORTE

MODELAGE

1 *Modelez tout d'abord la porte.*

Dans de la pâte à sel abaissée, épaisse de 0,5 cm, découpez un grand rectangle. Striez-le au couteau pour marquer les lattes de bois et les vitres de la porte.

2 *Puis décorez-la comme bon vous semble.*

Posez deux colombins humides au bas de la porte, en guise de perron. Ajoutez des socles de pâte, qui serviront de support au décor de feuilles et de fleurs.

CUISSON

Faites cuire la porte 1 h à 100 °C, retirez le papier d'aluminium et prolongez la cuisson pendant 30 min à 125 °C, en plaçant le modelage sur la grille.

FINITION

Utilisez de l'aquarelle pour la porte et les fleurs, de la gouache pour le perron.

ENTRÉE

MODELAGE

Dans chaque pièce, vous pouvez disposer miroirs et tapis, expliqués ici. Reproduisez aussi en pâte à sel les cartables de vos enfants.

MIROIR

1 ***Décorez le cadre du miroir à votre convenance.***

Au centre d'un rectangle de pâte à sel abaissée, placez le miroir, et rabattez dessus les côtés pour réaliser le cadre.

◆ Disposez autour du feuillage et des fleurs.

CUISSON

Faites cuire le tout 1 h à 100 °C.

FINITION

Peignez le miroir d'après le style de la pièce où vous le placerez. Les peintures acryliques comportent de beaux dorés.

TAPIS

1 ***Rien de plus simple que de modeler un tapis.***

Étalez finement la pâte à sel au rouleau, et découpez un rectangle. Vous allez réaliser des franges bien régulières sur les largeurs, à l'aide d'un couteau.

CUISSON

Les tapis sont peu épais, faites-les donc cuire 1 h à 75 °C.

◆ Leur cuisson est très délicate : si une bulle gonflait la surface, il faudrait tout recommencer.

FINITION

Utilisez de la peinture acrylique, puis un vernis mat.

CUISINE

MODELAGE

La cuisine est une pièce chaleureuse, où toute la famille aime à se retrouver. Vous allez apprendre ici à modeler la cuisinière à bois.

CUISINIÈRE

1 ***Commencez à modeler le mur de faïence.***

Dans de la pâte étalée au rouleau, découpez le mur de la cuisinière. Incisez ensuite régulièrement la surface de lignes perpendiculaires, pour figurer les carreaux de faïence.

2 ***Inspirez-vous des cuisinières d'autrefois.***

Modelez la cuisinière en volume, et tracez au couteau les contours des tiroirs et des plaques de cuisson.

◆ Cuisez-la sur l'aluminium 10 min à 100 °C.

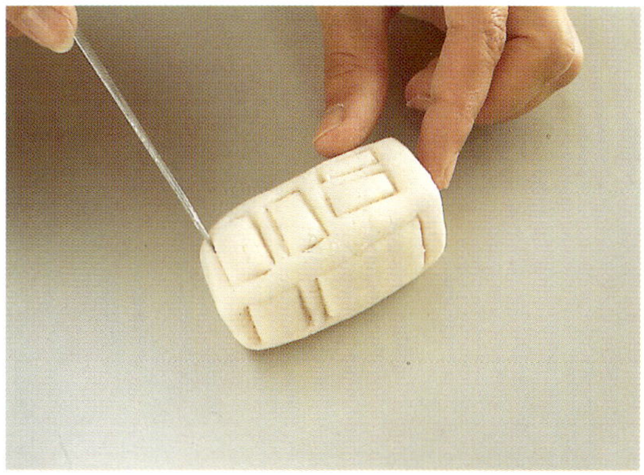

3 ***Modelez boutons, barre, tuyau et étagères.***

Réalisez aussi bols, marmite et panier à bûches.

◆ Faites-les cuire 10 min à 100 °C.

◆ Placez la cuisinière sur le mur, puis tous les éléments, en humidifiant.

4 ***La réserve de bûches donne une note rustique.***

Calez le panier à bûches contre la cuisinière. Le motif de vannerie du panier est obtenu en imprimant les dents d'une fourchette de façon régulière dans la pâte.

CUISSON

Quand les divers éléments sont assemblés, enfournez le tout 1 h à 100 °C, puis 2 h à 125 °C, après avoir retiré le papier d'aluminium.
La cuisson est longue, car le modelage est assez épais.

FINITION

Utilisez de la peinture acrylique, puis vernissez.

◆ Placez à côté de la cuisinière des petits fagots de bois, liés par un fil de laiton.

SALLE DE SÉJOUR

MODELAGE

Quelle pièce chaleureuse ! Amusez-vous à modeler le divan et la cheminée. La réalisation du tapis est expliquée page 93.

DIVAN

1 ***Modelez tous les éléments du divan séparément.***

Dans de la pâte abaissée, découpez l'assise de 0,5 cm d'épaisseur, le dossier moins épais, les accoudoirs...
◆ Faites cuire ces éléments 10 min à 100 °C.

CUISSON

Après la première cuisson, assemblez les éléments en piquant des cure-dents dans les pieds pour les fixer à l'assise. Procédez à une deuxième cuisson de 1 h à 100 °C.
◆ Puis vous ajouterez quelques coussins en pâte à sel.
Faites cuire à nouveau tout le modelage 1 h à 125 °C.

FINITION

Utilisez de la peinture acrylique, puis un vernis acrylique mat, dont vous passez deux couches.

CHEMINÉE

Les étapes de ce modelage sont très proches de celles de la cuisinière à bois (voir pages 94-95) : vous allez réaliser le support du mur, puis la cheminée et son décor.

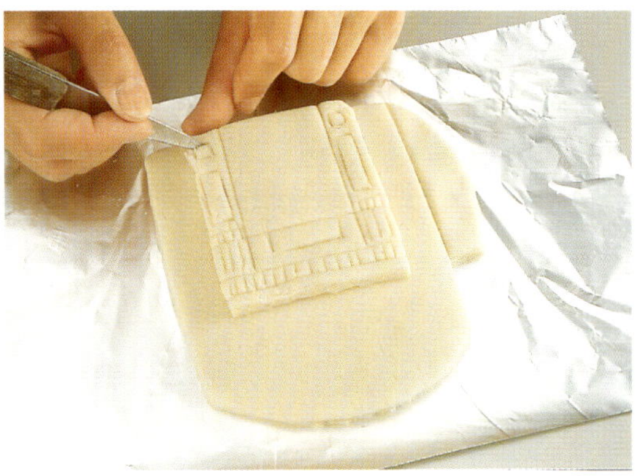

1 *Commencez par réaliser le mur.*

Dans de la pâte étalée au rouleau à pâtisserie, découpez le mur, qui servira de support à la cheminée. Gardez une bande de pâte sur le côté pour figurer une poutre.

2 ***Poursuivez par la cheminée elle-même.***

Placez au centre un rectangle de pâte : la cheminée proprement dite, dont vous dessinerez les moulures avec un couteau.
◆ Évidez le bas pour figurer le foyer.

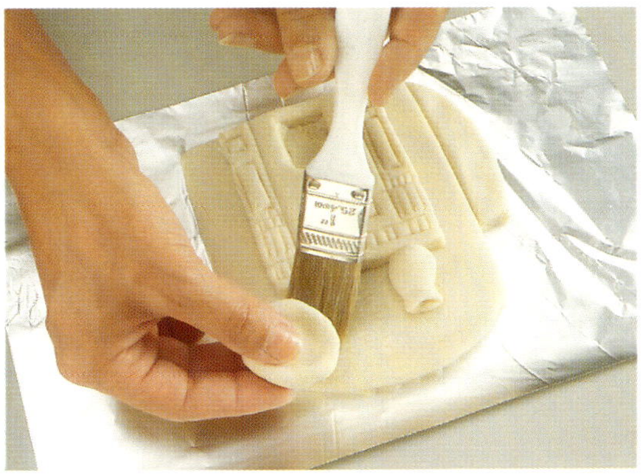

3 ***Il est temps de disposer la décoration.***

Garnissez le manteau de la cheminée avec des vases, et disposez au mur une assiette décorative. Faites à votre idée.
◆ N'oubliez pas de bien humidifier.

4 ***Pas de feu dans la cheminée sans bûches.***

Appuyez un panier de bûches contre la cheminée. Le motif de vannerie est obtenu en imprimant les dents d'une fourchette de façon régulière dans la pâte.

5 ***… Et pas de maison sans plante verte.***

Découpez dans de la pâte abaissée quelques feuilles, que vous striez avec un couteau pointu pour imiter les nervures.
◆ Placez-les groupées sur la poutre.

CUISSON

Faites cuire le modelage 1 h à 100 °C, puis 1 h à 125 °C, après avoir ôté le papier d'aluminium.

FINITION

Utilisez de la peinture acrylique, puis un vernis acrylique mat, dont vous passez deux couches.
◆ Une fois la cheminée peinte et vernie, vous pouvez ajouter de petits fagots de bois dans le panier à bûches avec une colle forte.

CHAMBRE JAUNE

MODELAGE

Qu'il fait bon être dans cette chambre de style provençal !
L'armoire, la coiffeuse, le lit, le pouf sont décrits ici dans le détail.

Armoire

1 *Modelez le corps de l'armoire.*

Découpez un rectangle dans de la pâte abaissée épaisse de 1 cm. Marquez la corniche et incisez les portes et les tiroirs.
◆ Puis vous dessinerez les moulures.

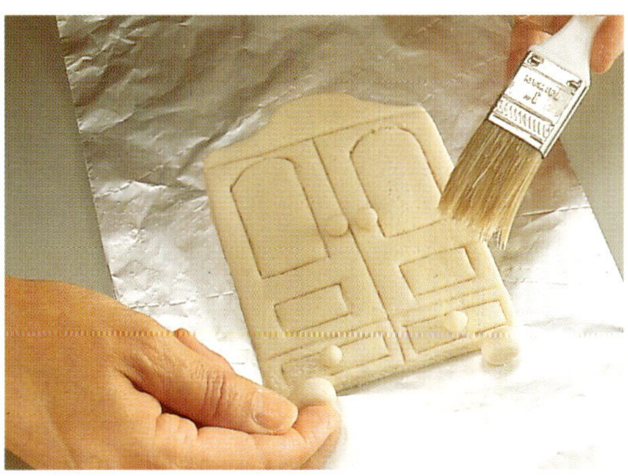

2 *Ajoutez les accessoires et la décoration.*

Ajoutez les poignées des portes et des tiroirs, après avoir humidifié. Terminez par les pieds.
◆ Pour finir, insérez deux attaches au dos de votre armoire.

Cuisson

Enfournez 1 h à 100 °C, puis 2 h à 125 °C, après avoir retiré le papier d'aluminium.

Finition

Utilisez de la peinture acrylique, puis un vernis acrylique mat.
◆ Tout le charme de cette armoire réside dans son décor peint. Vous pouvez consulter de la documentation pour reproduire des motifs authentiques.

COIFFEUSE

Le modelage de cette coiffeuse requiert beaucoup de minutie.
Il est aussi un peu long dans sa réalisation.

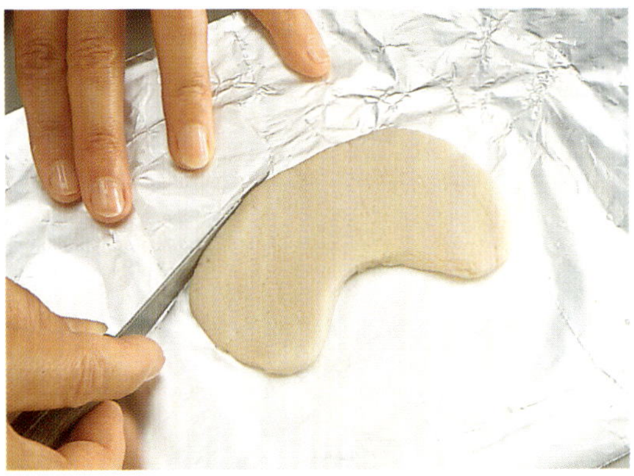

1 ***Dans un premier temps, modelez le plateau.***

Découpez le plateau de la coiffeuse en forme de haricot.

◆ Procédez à une première cuisson de cet élément pendant 10 à 15 min à 100 °C.

2 ***Le papier d'aluminium sert d'armature provisoire.***

Une fois cuit, posez le plateau sur une boule froissée de papier. Crantez une bande de pâte avec une roulette à pâtisserie, et froncez-la autour du plateau.

3 ***Décorez la coiffeuse de légers volants.***

Placez un second volant cranté sur le premier, et froncez-le régulièrement. Outre leur effet décoratif, ils permettent à la coiffeuse de prendre appui sur le sol.

4 ***Cette étape est délicate à réaliser.***

Après avoir humidifié légèrement le bord du volant, lissez-le avec le doigt pour aplatir la pâte. ◆ Vous modèlerez ensuite quelques livres ou des bonbonnières.

CUISSON

Deux autres cuissons suivent celle du plateau. Faites cuire le modelage 1 h à 100 °C, puis à nouveau 1 h à 100 °C, après avoir retiré l'armature de papier.

FINITION

Utilisez de la peinture acrylique, puis un vernis acrylique mat.

Lit

1 ***Modelez matelas et traversin en premier lieu.***

Réalisez le matelas, découpé dans une pâte épaisse de 0,5 cm. Pour le traversin, modelez un colombin, que vous humidifiez avant de le poser sur le matelas.

2 ***Pincez les angles de l'oreiller.***

Placez un oreiller en travers du lit. Le drap est une bande de pâte moins épaisse, crantée et pliée en deux pour le rabat.
◆ Faites cuire le tout 1 h 30 à 100 °C.

3 ***Terminez par la tête de lit, que vous pouvez décorer.***

Préparez la tête de lit, ainsi que les pieds, dans lesquels vous plantez un cure-dents pour les assembler au lit.
◆ Humidifiez bien le bas de la tête de lit.

Cuisson

Après la première cuisson de 1 h 30 à 100 °C, faites cuire le lit avec la tête de lit et l'oreiller encore 1 h 30 à 100 °C. Placez les pieds, et terminez par une cuisson de 30 min à 125 °C.

Finition

Utilisez de la peinture acrylique, puis un vernis acrylique mat.
◆ Vous pouvez ajouter une couette et un édredon au pied du lit.

POUF

1 ***Pas de chambre confortable sans un pouf.***

Modelez une forme qui ressemble à un bouchon de champagne. Lissez les surfaces avec une aiguille.
◆ Faites cuire cet élément 10 min à 100 °C.

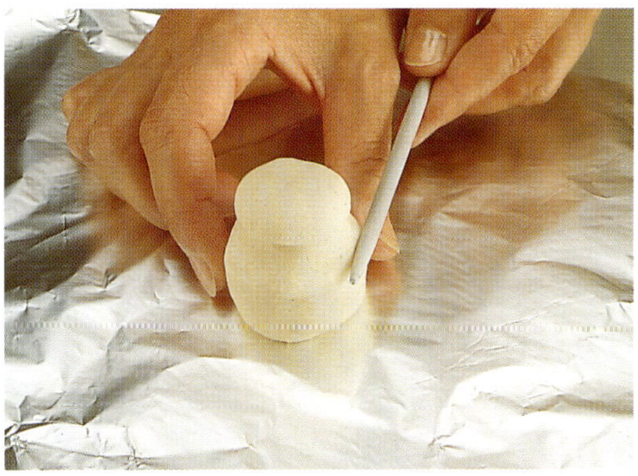

2 ***Placez deux volants pour décorer le pouf.***

Découpez deux bandes de pâte peu épaisse. Crantez-les sur une longueur avec une roulette à pâtisserie, et disposez-les autour du pouf. Placez dessus des boulettes.

CUISSON

Après la première cuisson de 10 min à 100 °C, procédez à une seconde cuisson du modelage achevé 1 h à 100 °C.

FINITION

Un beau jaune acrylique recouvre le petit pouf capitonné. Assortissez bien vos couleurs.

SALLE DE BAINS

MODELAGE

Le lavabo est simple à réaliser. Ajoutez une plante verte, de la dentelle, et voilà une belle salle de bains ! Le tapis est expliqué page 93.

LAVABO

1 ***Réalisez le support mural du lavabo.***

Découpez le mur dans de la pâte abaissée, et striez-le pour figurer les carreaux de faïence.
◆ Découpez le support du lavabo, que vous placerez au centre.

2 ***Ajoutez la vasque du lavabo et le robinet.***

Creusez une boule de pâte. Mettez ce lavabo en place, et marquez le rebord à l'aide d'une aiguille à tricoter.
◆ Puis vous installerez le robinet.

CUISSON

Faites cuire le modelage 1 h à 100 °C, puis 30 min à 125 °C, après avoir retiré le papier d'aluminium.

FINITION

Utilisez de la peinture acrylique blanche pour peindre les éléments de cette salle de bains, car elle ne craquelle pas.

La fête de Noël est l'occasion rêvée de réaliser chez vous un décor chaleureux avec de la pâte à sel. Vous hésiterez entre des petits sujets à suspendre dans toutes les pièces de la maison, un calendrier de l'Avent, une chaussette pleine de cadeaux ou un chalet des alpages. Décorez aussi votre table de réveillon avec des bougeoirs ou avec un panier comme centre de table. Ils en étonneront plus d'un. Vous opterez pour les couleurs traditionnelles de Noël : rouge, vert et doré. Mais vous pouvez aussi garder la chaude couleur de la pâte naturelle ou simplement dorée à l'œuf.

SUJETS DÉCOUPÉS À L'EMPORTE-PIÈCE

MODELAGE

1 ***Comment suspendre les sujets.***

Dans de la pâte épaisse de 0,5 cm, découpez des formes avec des emporte-pièce différents. À l'aide d'une paille, faites un trou.
◆ Vous y enfilerez un beau ruban.

CUISSON

Faites cuire les sujets 1 h à 100 °C sur du papier d'aluminium.
◆ Pour leur donner un aspect doré, enfournez 30 min à 100 °C, retirez-les, passez au pinceau un jaune d'œuf mélangé à une cuillerée d'eau et prolongez la cuisson 30 min à 125 °C.

FINITION

Pour les protéger, utilisez un vernis brillant.

MÉDAILLONS CREUX

MODELAGE

1 *Servez-vous d'emporte-pièce pour sablés.*

Utilisez des emporte-pièce de deux tailles différentes. Découpez tout d'abord un médaillon dans de la pâte épaisse de 0,5 cm, puis évidez-le à l'aide du plus petit.

2 *Décorez ensuite de sapins, cœurs, étoiles...*

Avec une paille, faites deux trous. Donnez une forme ovale au médaillon, en le pressant des deux côtés.

◆ Placez la décoration sur le pourtour humide.

CUISSON

Faites cuire plusieurs médaillons ensemble 1 h à 100 °C, retirez le papier d'aluminium et prolongez la cuisson 1 h à 125 °C.

FINITION

Après avoir peint à la gouache et verni, glissez un ruban dans les trous pour suspendre les médaillons.

CALENDRIER DE L'AVENT

BRICOLAGE

Procurez-vous un contreplaqué, du papier et un crayon, une scie sauteuse, un pot de peinture cérusée, 48 petits clous à tête et une attache murale.

◆ Faites un croquis du sapin à bonne échelle, en vous inspirant de celui-ci. Le sapin peut mesurer jusqu'à 60 cm de haut, soit 5 fois la hauteur du modèle. Reportez le croquis avec un calque sur le contreplaqué. Découpez-le à la scie. Poncez la tranche.

◆ Passez une couche de peinture cérusée et laissez sécher.

◆ Clouez 24 clous dans les branches et 24 autres en bas sur trois lignes. Pour finir, fixez une attache au revers du sapin.

MODELAGE

Découpez des sujets à l'emporte-pièce dans de la pâte épaisse de 0,5 cm. N'oubliez pas d'insérer une attache dans chacun d'eux pour les suspendre.

CUISSON

Pour la cuisson, reportez-vous à la page 110.

FINITION

Utilisez un vernis brillant.

LETTRES DE NOËL

MODELAGE

1 ***Les mots doivent être d'un seul tenant.***

Réalisez des colombins d'égale grosseur. Coupez les jambages et les barres, que vous joignez les uns aux autres, en humidifiant bien à chaque fois.

2 ***Variez la décoration selon votre plaisir.***

Vous pouvez ajouter la décoration découpée à l'emporte-pièce : des sapins, des étoiles ou des champignons.
◆ Disposez-la sur les lettres en humidifiant.

CUISSON

Les lettres tiendront bien ensemble si vous les soudez lors du modelage, ou si la décoration est à cheval sur plusieurs d'entre elles.
Faites-les cuire 1 h à 100 °C, puis ôtez doucement le papier d'aluminium et enfournez 1 h à 125 °C.

FINITION

Utilisez de la peinture et du vernis acryliques.
◆ Et, si vous souhaitez suspendre vos lettres, prévoyez d'insérer des attaches au dos.

CHAUSSETTE DE NOËL

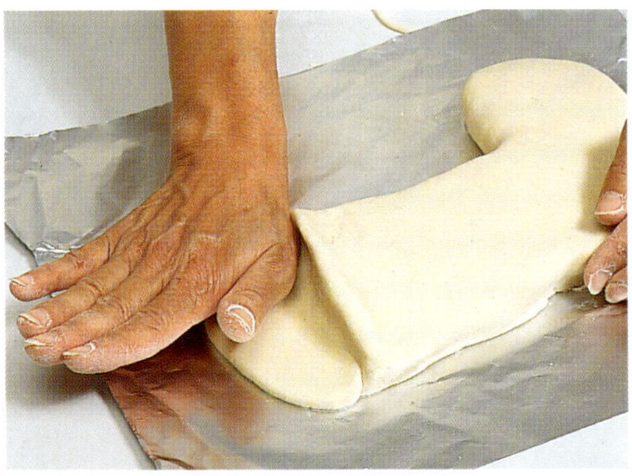

1 *Commencez par la forme de la chaussette.*

Étalez la pâte à sel sur 0,5 cm d'épaisseur, puis découpez la chaussette. Avec la paume de la main, creusez le haut pour pouvoir y glisser les cadeaux.

2 *Modelez le revers décoratif de la chaussette.*

Découpez une bande de pâte à sel à la bonne taille, et crantez-la sur une longueur. Quelques crans suffisent. Disposez cette bande sur le haut de la chaussette.

MODELAGE

Voici une chaussette, remplie de cadeaux, à accrocher à la cheminée. Elle est de tradition pour les Noëls anglo-saxons.

3 ***Terminez le revers de la chaussette.***

Ajustez cette bande avec soin de part et d'autre de la chaussette et découpez l'excédent de pâte au couteau.
◆ Vous y suspendrez des grelots.

4 ***Les grelots annoncent la fête.***

Modelez plusieurs petites boules de pâte à sel, et disposez-les une à une sur la chaussette.
◆ Auparavant, humidifiez légèrement la surface au pinceau.

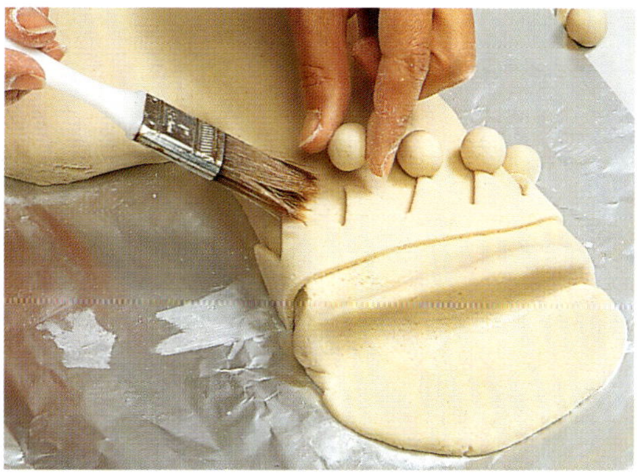

5 ***Des cadeaux pour les petits et les grands.***

Terminez de placer les grelots.
◆ Vous disposerez ensuite les jouets modelés à part : ourson, poupée, tambour... Serrez-les bien les uns contre les autres.

CUISSON

Il s'agit là d'un modelage épais. Enfournez 1 h à 100 °C, puis ôtez le papier d'aluminium et faites recuire 5 h à 125 °C.

FINITION

Peignez à l'acrylique, puis vernissez avec du vernis acrylique brillant.

CHALET

MODELAGE

Le chalet est une décoration de Noël.
Il évoque les pentes neigeuses, les glissades en luge...

1 ***Commencez par la façade du chalet.***

Étalez la pâte sur 1 cm d'épaisseur et découpez le chalet. Dessinez l'emplacement des fenêtres, évidez-les. Tracez la porte, striez-la, comme les autres éléments.

2 ***Vous allez poursuivre la construction par le toit.***

Pour le toit, modelez deux colombins que vous aplatissez. Coupez en biais une de leurs extrémités. Placez le toit, sans oublier la cheminée.
◆ Humidifiez bien.

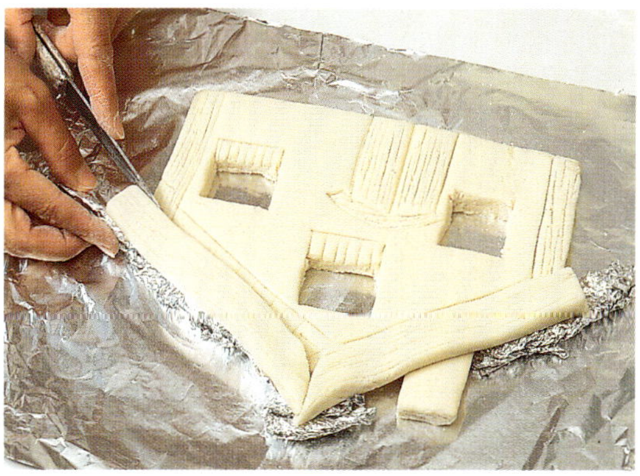

3 ***Le toit est constitué de deux pentes.***

Placez la seconde pente du toit en ajustant au plus près les biseaux des deux pentes. Avec le couteau, corrigez si nécessaire la position de la pente avant de continuer.

4 ***La décoration fait le charme de ce modelage.***

Placez devant le chalet une bande de pâte pour figurer le chemin. Humidifiez-la bien pour la joindre au mur. Disposez ensuite le décor : luge, personnages, stalactites...

CUISSON

Le modelage étant épais, il faut le cuire 3 h à 100 °C, puis retirer le papier d'aluminium et enfourner 2 h à 125 °C.
◆ S'il ne vous semble pas parfaitement sec, prolongez la cuisson pendant 30 min à 125 °C.

FINITION

Peignez ce chalet à la gouache ou à l'aquarelle et vernissez.
◆ Avec de la colle, ajoutez du lichen sous le chalet. Disposez quelques petits animaux en pâte à sel, comme un lièvre des neiges, des corbeaux...

ANGES

MODELAGE

1 ***Découpez les anges à l'aide d'un emporte-pièce.***

Si vous n'en disposez pas, réalisez le patron des anges page 136. La pâte doit être épaisse de 0,5 cm environ.

◆ Formez les ailes, dont vous striez les bords.

CUISSON

Faites cuire les anges 10 min à 100 °C, puis retirez-les du four. Disposez alors les ailes dans le dos, soutenues par du papier d'aluminium froissé. Faites cuire à nouveau 40 min à 125 °C.

FINITION

Utilisez de la peinture acrylique or.

◆ Peignez les deux côtés du modelage.

BOUGEOIRS AU NATUREL ET DORÉS

MODELAGE

1 *Formez dans un premier temps le socle du bougeoir.*

Découpez-le avec un emporte-pièce rond dans de la pâte épaisse de 0,5 cm. ◆ Entourez une bougie avec du papier d'aluminium et enfoncez-la dans la pâte. Puis retirez-la.

2 *Décorez maintenant à votre goût.*

Humidifiez le pourtour du socle du bougeoir pour y placer la décoration découpée avec des emporte-pièce en forme de cœurs, d'étoiles, de feuilles...

CUISSON

Faites cuire les bougeoirs 1 h à 100 °C, puis retirez le papier d'aluminium qui était resté dans l'empreinte et enfournez 1 h 30 à 125 °C. ◆ Badigeonnez les bougeoirs au naturel avec un jaune d'œuf mélangé à une cuillerée d'eau, avant de les recuire.

FINITION

Les bougeoirs dorés sont peints à l'acrylique avec des ors jaune ou rouge. ◆ Utilisez un vernis pailleté or en bombe.

PANIER DORÉ

MODELAGE

Ce panier trouve tout naturellement sa place sur le mur d'une salle à manger.

1 ***Commencez par donner forme à votre panier.***

Modelez le corps du panier dans de la pâte épaisse de 2 ou 3 cm. Placez l'anse formée de deux colombins enroulés, en pressant bien de chaque côté.

2 ***La vannerie est facile à imiter en pâte à sel.***

Tout d'abord, striez le corps du panier avec le dos d'un couteau et non avec la lame.
◆ Incisez régulièrement en partant du haut vers le bas.

3 ***La fourchette peut rendre de surprenants services.***

Pressez sur la pâte deux fourchettes tenues dents contre dents, afin de laisser leurs empreintes.
◆ Exercez-vous à faire ce geste auparavant.

4 ***Faites-le sur tout le panier, avec régularité.***

Vous ajouterez ensuite des feuilles, découpées à l'emporte-pièce et striées, des pommes et une grappe de raisin.
◆ N'oubliez pas de bien humidifier.

CUISSON

Faites cuire ce modelage épais 1 h 30 à 100 °C, retirez le papier d'aluminium et prolongez la cuisson pendant 3 h à 125 °C.

FINITION

Peignez les fruits avec une peinture acrylique métallisée jaune doré, puis ajoutez quelques touches avec un doré plus foncé.
◆ Passez deux couches de vernis pailleté or en bombe sur le panier.

De beaux colliers de fruits, une superbe corbeille d'anémones ou des ribambelles de sujets, des cœurs parfumés : le choix est large. À l'inverse des autres modelages de cet ouvrage, ceux-ci sont réalisés à partir d'une pâte colorée avec de la gouache ou avec des épices, et même avec du cacao. Vous ajouterez ces ingrédients à la farine et au sel. Les modelages dégageront une odeur très agréable une fois cuits.

COLLIER DE FRUITS

MODELAGE

Pour colorer la pâte à sel, ajoutez dans le verre d'eau 2 cuillerées à soupe de gouache liquide.

◆ Reportez-vous à la page 11 pour plus de précisions.

1 ***Mélangez deux pâtes pour obtenir une poire.***

Pour la pâte marbrée, recouvrez une boule de pâte jaune avec de la pâte verte et pétrissez.

◆ Mélangez du jaune et du bleu pour obtenir le vert.

2 ***Réalisez plusieurs poires de cette manière.***

Donnez une forme de poire à la pâte marbrée.
◆ Pour rendre ce fruit très réaliste, plantez un clou de girofle et une brindille de bois pour la queue.

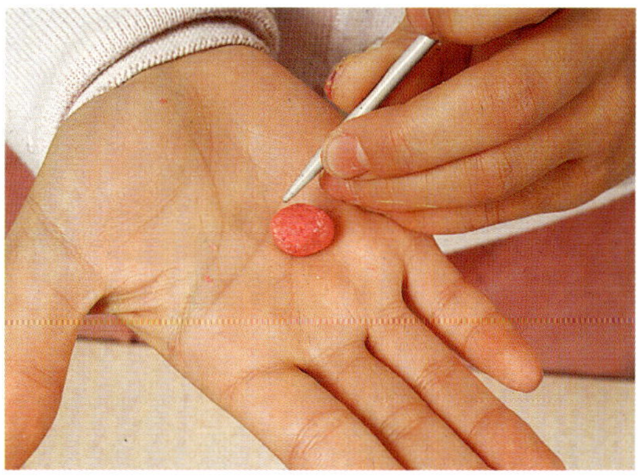

3 ***Utilisez une aiguille à tricoter.***

La framboise est une boule de pâte à sel rouge, dans laquelle vous imprimez des petits trous avec une aiguille à tricoter, et cela bien régulièrement sur toute sa surface.

4 ***Fabriquez vous-même les attaches des fruits.***

Coupez du fil de fer avec la pince, recourbez-le, et insérez cette attache dans chaque fruit.
◆ Puis vous ajouterez des feuilles : pâte verte striée au couteau.

CUISSON

Posez tous les fruits sur le papier d'aluminium et faites-les cuire 1 h à 100 °C.

FINITION

Utilisez un vernis à gouache brillant.
◆ Pour finir, passez un ruban dans les attaches pour nouer le collier.

CORBEILLE D'ANÉMONES

MODELAGE

Pour la pâte colorée, ajoutez dans le verre d'eau 2 cuillerées à soupe de gouache liquide. Vous pouvez mélanger les gouaches pour obtenir d'autres tons.

◆ Reportez-vous à la page 11 pour plus de précisions.

1 ***Les pétales sont des petites boules de pâte aplaties.***

Placez plusieurs pétales sur le papier d'aluminium, en les superposant un peu. Appuyez au centre de la fleur pour bien le marquer.

◆ Humidifiez bien.

2 ***Réalisez le cœur de la fleur.***

Pressez de la pâte à sel jaune au travers d'un presse-ail ou d'une passoire à thé, et disposez quelques brins au centre de la fleur avec un couteau pointu.

3 ***Fleur après fleur, composez le bouquet.***

Disposez les pétales d'une autre fleur, en prenant bien appui sur la première.

◆ Utilisez des gouaches vives, votre modelage n'en sera que plus beau.

4 ***Agrémentez le bouquet d'un feuillage.***

Découpez des feuilles au couteau dans de la pâte fine.

◆ L'astuce, pour réaliser les nervures, consiste à les dessiner au moyen d'un peigne.

CUISSON

Faites cuire 2 h à 100 °C, retirez le papier d'aluminium, puis enfournez à nouveau 2 h à 100 °C.

◆ La température du four ne doit pas dépasser 100 °C, afin de ne pas altérer les teintes.

FINITION

Passez deux ou trois couches de vernis à gouache brillant.

POMMIER

MODELAGE

La pâte de cet arbre dégagera une odeur très agréable de cacao.

◆ Reportez-vous à la page 11 pour la recette des pâtes colorées.

1 ***La couleur du tronc est donnée par le cacao.***

Modelez un colombin légèrement aplati pour le tronc, fendez sa base et disposez les branches en éventail. Striez le tronc et les branches à l'aide d'un couteau.

2 ***Étalez au rouleau la pâte marbrée.***

Pour obtenir le motif marbré des feuilles, il suffit de mélanger deux ou trois pâtes, teintées au piment doux d'Espagne, au curry ou à la noix de muscade.

3 ***Dessinez les nervures des feuilles au couteau.***

Dans de la pâte épaisse de 4 ou 5 mm, découpez les feuilles et striez-les, puis disposez-les sur les branches, en commençant par l'extérieur.
◆ Humidifiez légèrement.

4 ***Terminez en modelant les pommes.***

Modelez des boules bien rondes, en grand nombre, avec une pâte colorée au piment doux d'Espagne.
◆ Plantez un clou de girofle, en l'enfonçant bien dedans.

CUISSON

Faites cuire le pommier 1 h à 100 °C, puis retirez le papier d'aluminium. Fixez une attache au dos et prolongez la cuisson 30 min à 100 °C.

FINITION

Laissez refroidir, puis passez deux ou trois couches de vernis à bois.

MARRONNIER

MODELAGE

Cette pâte à sel est joliment colorée avec divers ingrédients.

◆ Reportez-vous à la page 11 pour plus de détails sur la recette.

1 ***La feuille de marronnier est composée de cinq folioles.***

Découpez cinq feuilles dans la pâte finement étalée et disposez-les sur le papier d'aluminium, avant d'ajouter la queue. Dessinez les nervures au couteau.

2 ***Humidifiez pour bien faire adhérer les marrons.***

Roulez trois boules de pâte à la cannelle, que vous enveloppez d'une pellicule de pâte à la muscade. Reformez des boules lisses. Puis placez les marrons.

CUISSON

Faites cuire ce modelage 30 min à 100 °C, retirez le papier d'aluminium et prolongez la cuisson 30 min à 100 °C.

FINITION

Passez deux ou trois couches de vernis à bois transparent.

TRESSE

MODELAGE

Les pâtes sont colorées au thé, à la cannelle, au piment doux d'Espagne et à la noix de muscade.

◆ Reportez-vous à la page 11 pour la recette.

1 *Commencez par réaliser la tresse.*

Torsadez deux colombins de pâte. Découpez plusieurs feuilles dans de la pâte marbrée.

◆ La réalisation de cette pâte est expliquée à la page 129.

2 *Formez le centre des fleurs avec une aiguille.*

Ajoutez des baies de genièvre, des clous de girofle ou des anis étoilés.

◆ La moitié de pomme est décorée avec de vrais pépins et avec une vraie queue.

CUISSON

Faites cuire 2 h à 100 °C, en retirant le papier d'aluminium à mi-cuisson.

FINITION

Passez trois couches de vernis à bois transparent, en laissant bien sécher entre chaque couche.

RIBAMBELLES

MODELAGE

Colorez les pâtes avec les épices.

◆ Reportez-vous à la page 11 pour la recette.

◆ Si vous ne disposez pas d'emporte-pièce pour la girafe, réalisez un patron (voir page 136).

1 *Pour les girafes, réalisez une pâte marbrée.*

Disposez sur de la pâte colorée des boules d'une autre couleur. À l'aide d'un rouleau à pâtisserie, incrustez-les dans la pâte, qui doit être épaisse de 5 mm.

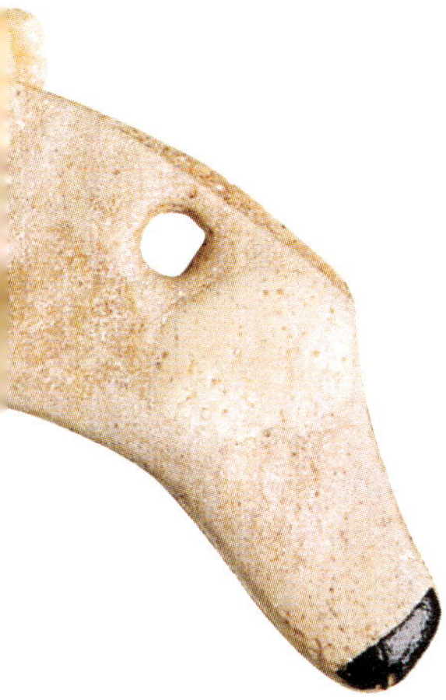

2 ***Des zébrures pour les zèbres !***

Procédez de la même façon, en disposant des bandes colorées, et non des boules, d'une couleur plus tranchée.
◆ Vous pouvez teinter cette pâte au cacao.

3 ***Découpez ensuite girafes et zèbres à l'emporte-pièce.***

Si vous n'en avez pas, réalisez un patron ou découpez-en au couteau.
◆ Trouez les modelages des deux côtés avec une paille, pour pouvoir les nouer les uns aux autres.

CUISSON

Faites-les cuire 30 min à 100 °C, puis retirez le papier d'aluminium et prolongez la cuisson 30 min à 100 °C.

FINITION

Peignez les sabots de la girafe et les yeux en noir.
◆ Passez trois couches de vernis à bois.

RUBANS PARFUMÉS

MODELAGE

Ajoutez l'épice de votre choix : cannelle, curry ou paprika, et mélangez bien.

◆ Pour plus de détails, reportez-vous à la page 11.

1 ***Humidifiez bien avant de déposer la décoration.***

Modelez des colombins d'épaisseur et de longueur semblables. Vous pouvez aussi choisir de les torsader.

◆ La jonction est masquée par les fruits.

2 ***Comment imiter de façon réaliste une pomme.***

La pomme est une petite boule de pâte à sel bien ronde, posée sur des feuilles.

◆ Plantez un clou de girofle dans chacune des pommes.

CUISSON

Avant la cuisson, faites un trou avec une paille dans les cœurs.

FINITION

Collez les couronnes et les cœurs sur le ruban avec une colle forte.

◆ Ne les vernissez pas, car vous ne sentirez plus alors la bonne odeur des épices.

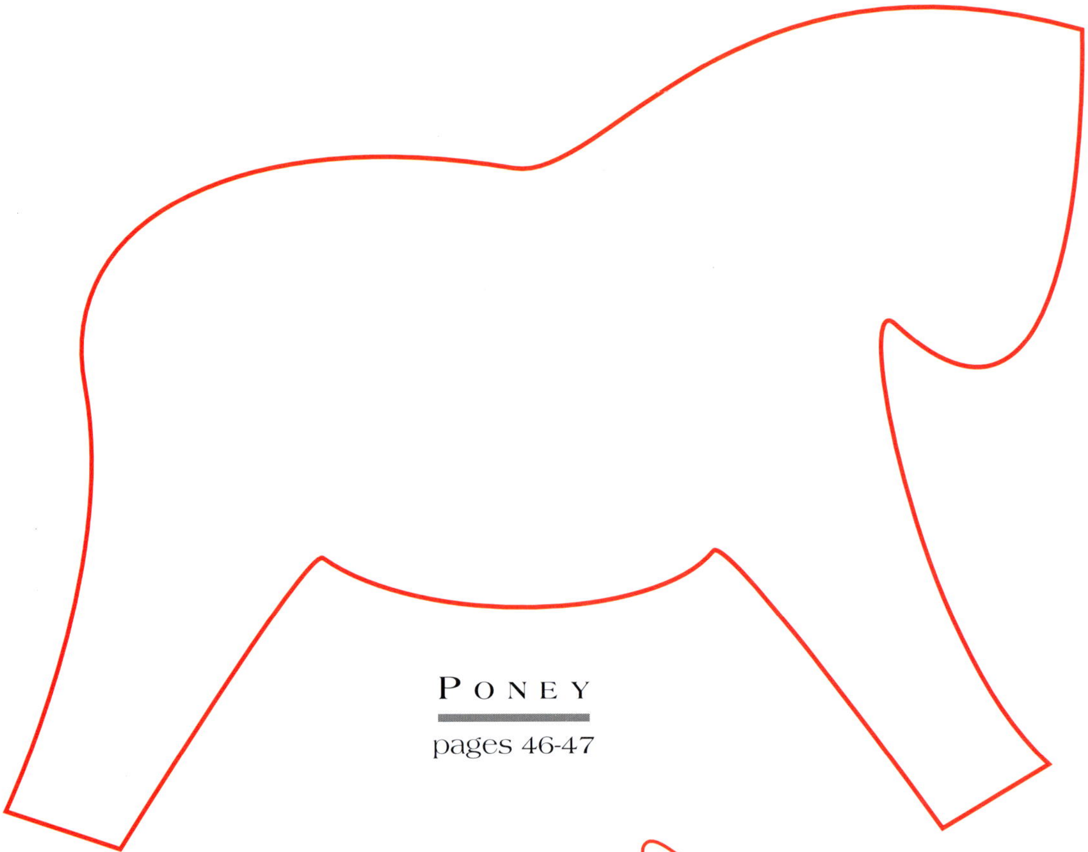

PONEY
pages 46-47

ANGE
page 118

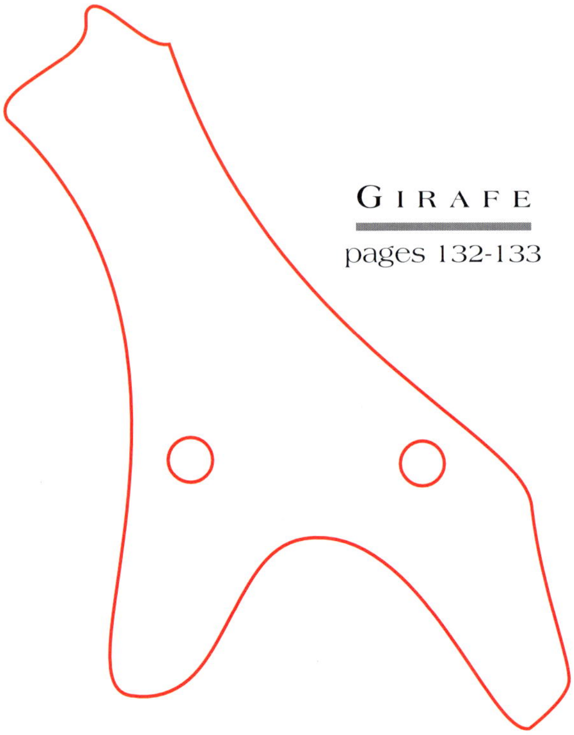

GIRAFE
pages 132-133

Construction de la maison

Pages 86-107

Dessinez toutes les pièces de la maison au crayon à papier sur du contreplaqué, en suivant les schémas qui suivent. Numérotez-les. Puis découpez-les avec une scie à bois, et poncez les tranches au papier de verre.
Effectuez le montage des cloisons, des murs et du toit.
Collez les pièces avec de la colle à bois, puis clouez. Une fois la maison assemblée, poncez-la uniformément, puis passez un enduit. Laissez sécher, puis reponcez.
Passez deux couches de peinture satinée ou mate.

Fond de la maison

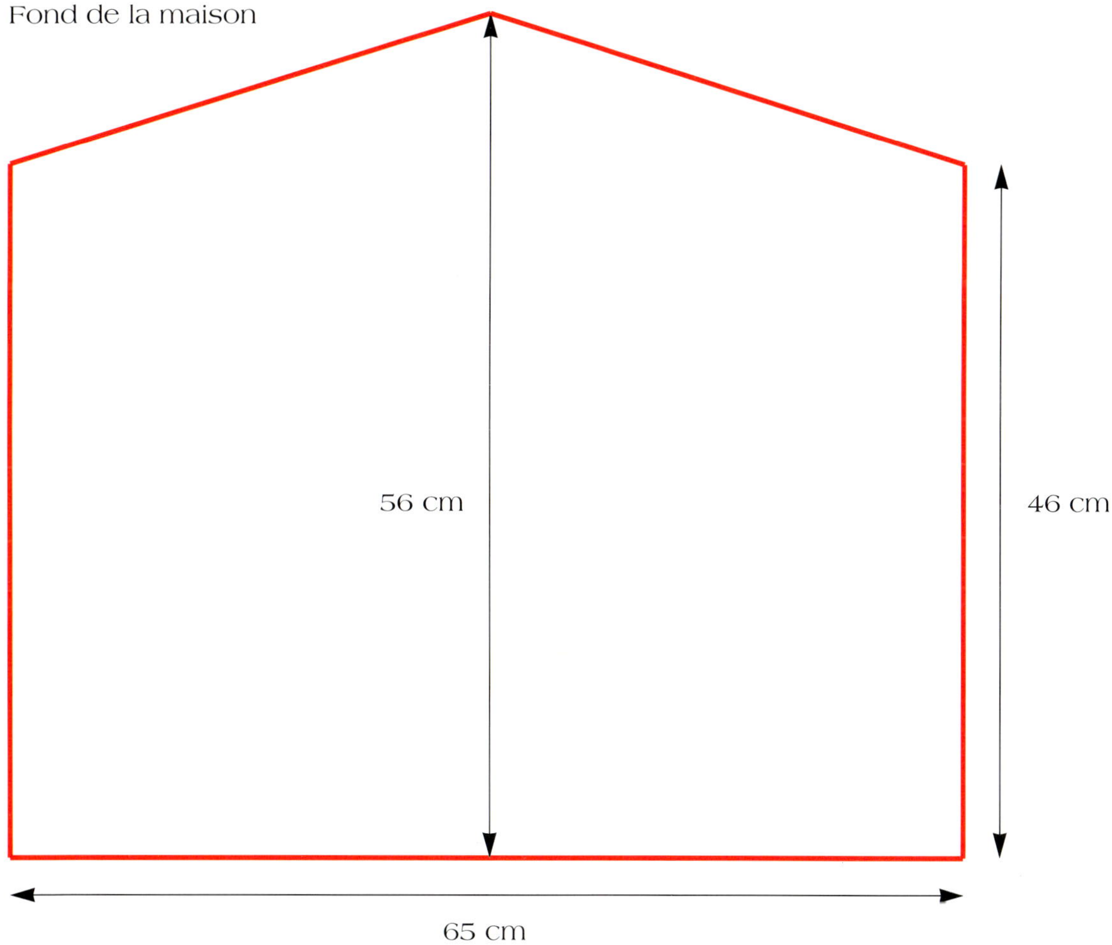

Rez-de-chaussée

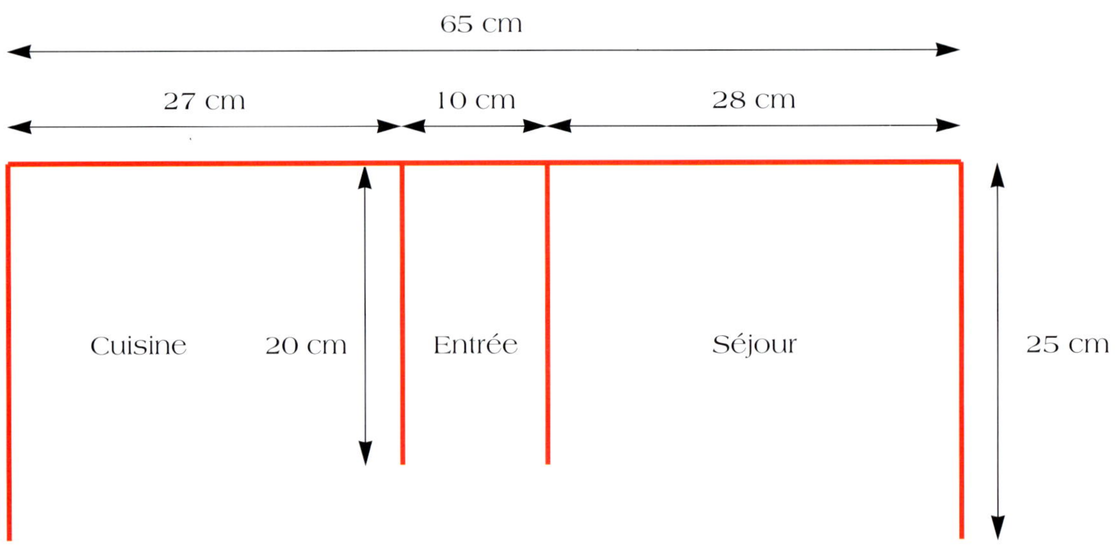

1er étage

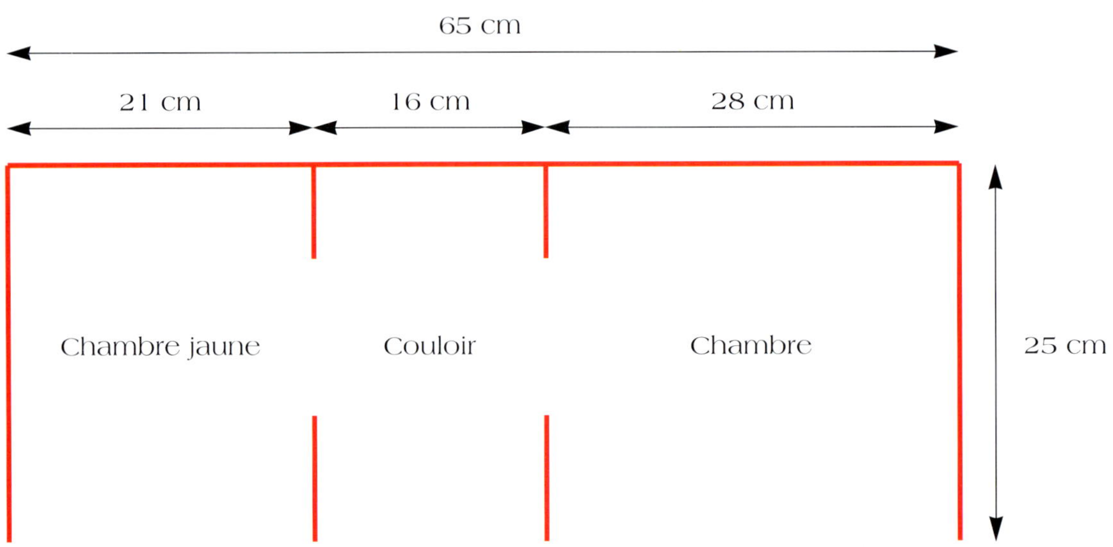

2e étage

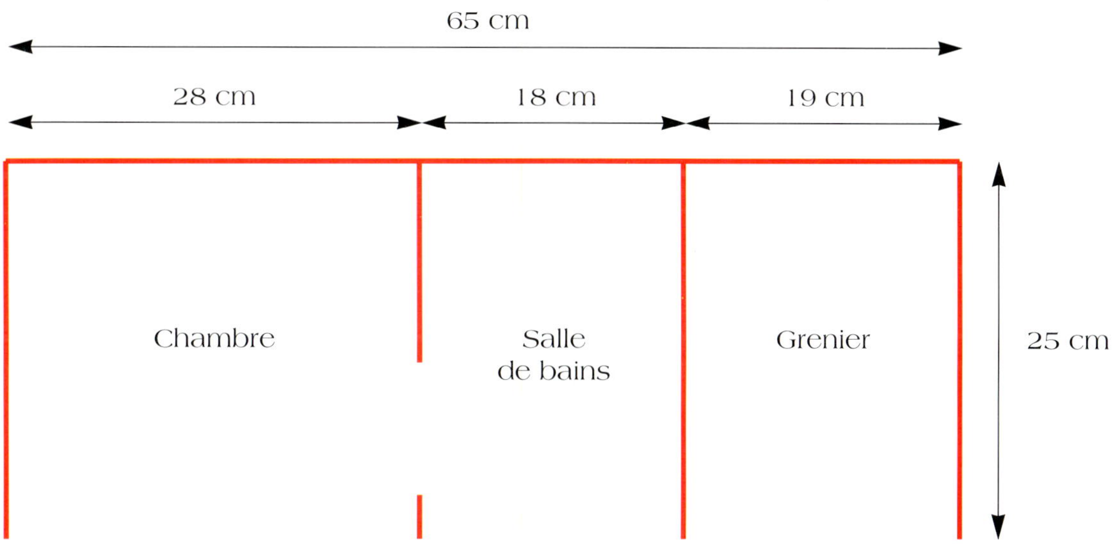

Les murs : côtés droit et gauche

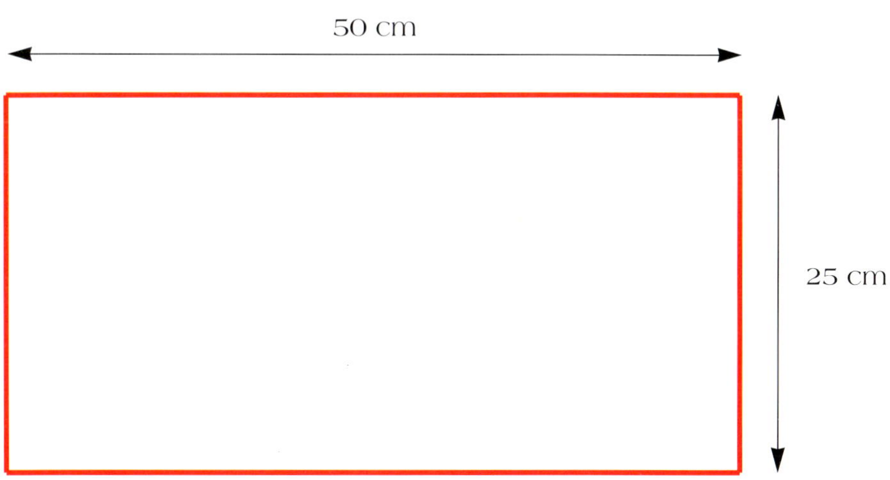

Les deux pans du toit

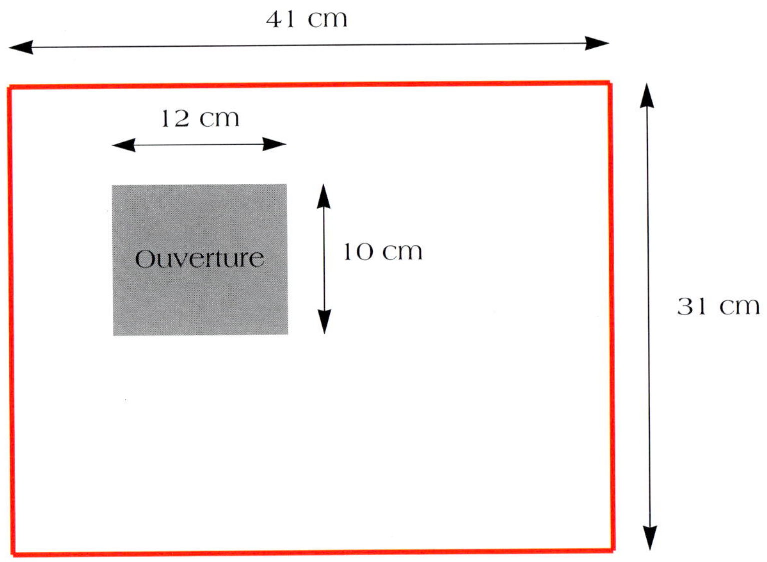

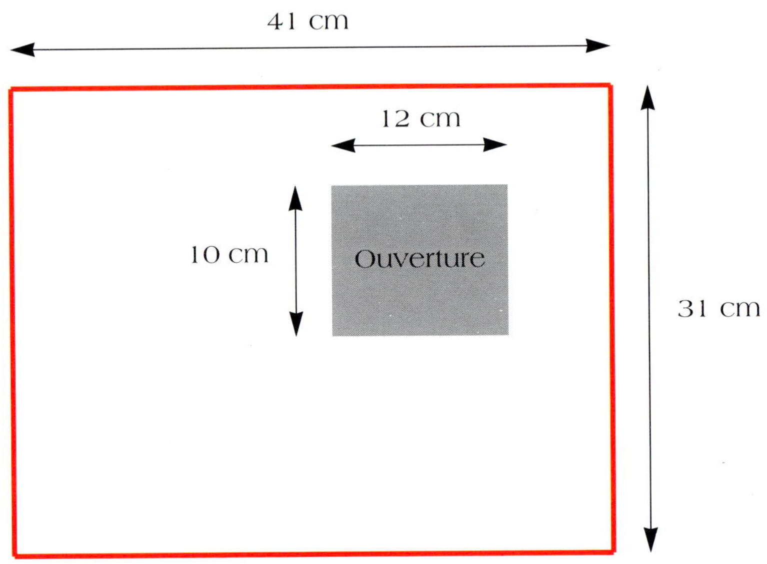

Montage de la maison

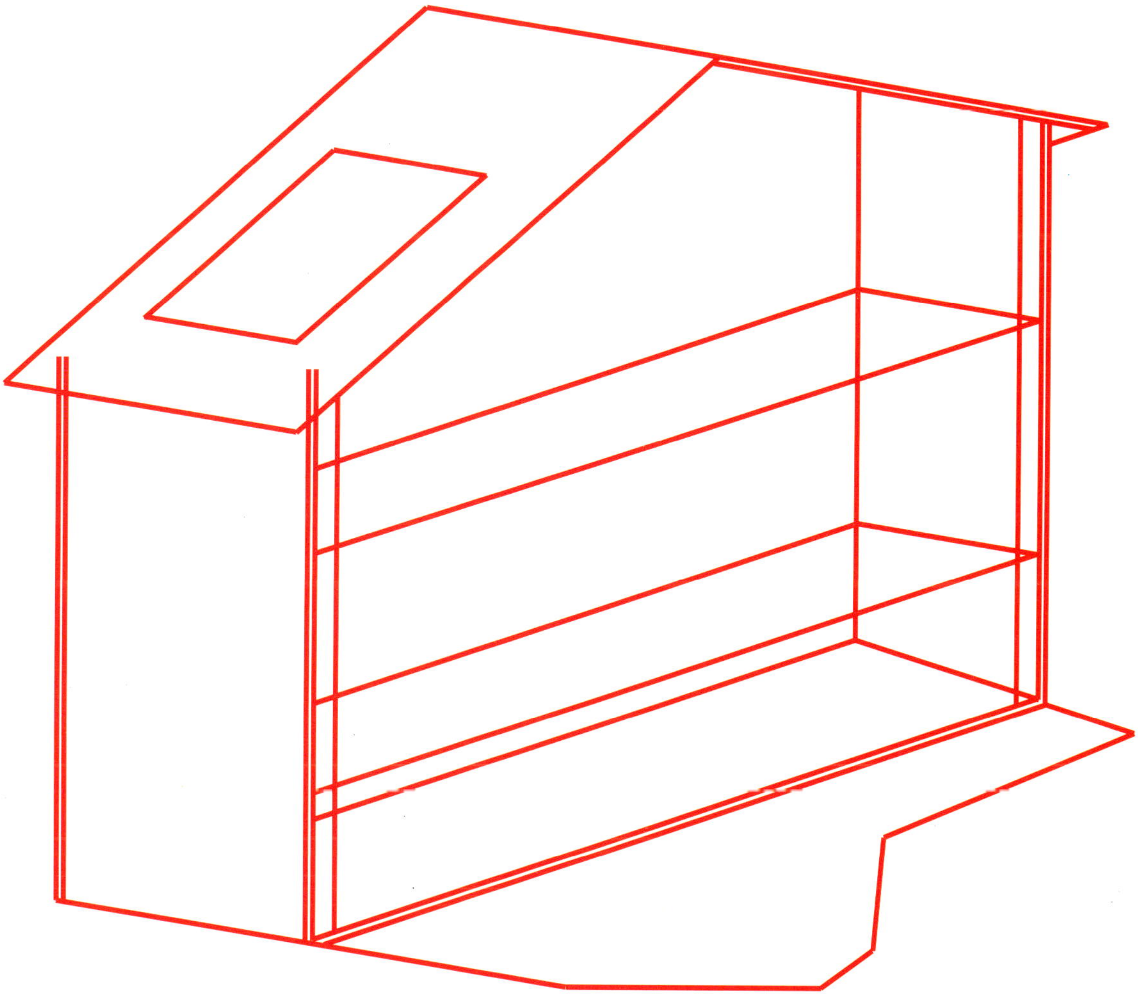

GLOSSAIRE

Abaisser la pâte

Il s'agit d'amincir la pâte à l'aide d'un rouleau à pâtisserie.

Aiguille à tricoter

Elle est utilisée pour disposer les pièces d'un modelage doucement, sans les déformer. Elle est aussi employée pour marquer les plis des vêtements d'un personnage.

Attache

Plantée dans l'épaisseur d'un modelage, elle permet de le suspendre.
Du fil de fer coupé avec une pince, recourbé en forme d'épingle à cheveux, fait office d'attache.

Colombin

C'est un boudin obtenu en roulant une boule de pâte avec la paume des mains, sur une table légèrement farinée.

Cuire

Les modelages se cuisent en deux temps : une première cuisson à basse température, une seconde à plus forte température.
Cette précaution évite les boursouflures.
À mi-cuisson, il convient de retirer le papier d'aluminium sur lequel étaient posés les modelages. La cuisson se fera alors uniformément.

Cure-dents

Les cure-dents sont très utiles pour soutenir l'élément lourd d'un modelage : la tête d'un personnage sur son corps, par exemple. Plantés dans les pieds d'un meuble, ils en assureront la stabilité.

Emporte-pièce

Il sert à découper et à enlever d'un seul coup des pièces de forme dans la pâte à sel abaissée. Il en existe un très grand nombre.

Encre

Les encres, de type Écoline par exemple, permettent de jouer sur les effets de transparence de la pâte.

Épice

Toutes sortes d'épices sont utilisées pour colorer la pâte : cannelle, curry... On ne peindra pas les modelages dans ce cas, afin qu'ils gardent leur aspect naturel.

Fourchette

En imprimant les dents d'une fourchette dans la pâte non cuite, on obtient un effet de vannerie.

Gouache

La gouache est employée pour peindre les modelages. Elle est aussi utilisée pour colorer la pâte à sel. Pour cela, il convient de la mêler à l'eau ajoutée au mélange farine-sel.

Humidifier

Chaque fois qu'un élément du modelage ou de son

décor est ajouté, il convient de mouiller les surfaces en contact avec un pinceau trempé dans l'eau. L'eau agit comme de la colle.

Imprimer un motif

Pour obtenir un relief dans la pâte, il suffit de presser dessus un bouton portant un motif plusieurs fois de suite.
C'est ainsi que l'on orne les vêtements d'un personnage.

Paille à boire

Elle s'utilise pour décorer la pâte : imprimer un léger relief ou ajourer une bande de pâte. On peut aussi l'employer pour perforer des petits sujets destinés à être suspendus.

Papier d'aluminium

Le moulage se fait directement sur le papier d'aluminium. Il convient de le retirer à mi-cuisson, pour que le séchage soit uniforme. Le papier d'aluminium sert aussi d'armature : il soutient une pièce de modelage, le temps d'une première cuisson.

Patron

Si on ne dispose pas d'emporte-pièce, on réalise un patron de la forme souhaitée dans un carton épais. Il suffit alors de poser le patron sur la pâte à sel abaissée, et de découper la pâte au couteau selon le contour.

Peinture à bois

La peinture à bois a des effets de transparence.

Peinture acrylique

Elle est utilisée pour peindre les modelages. Ses couleurs sont bien vives, elle est mate, brillante ou nacrée.

Presse-ail

La pâte pressée au travers d'un presse-ail donne de fins colombins. Ils peuvent être utilisés pour figurer des cheveux, la crinière ou la queue d'un animal, ou même des brins d'herbe. On peut aussi employer une passoire à thé.

Roulette à pâtisserie

Elle est employée, comme en pâtisserie, pour obtenir un effet décoratif : cranter le bord d'un vêtement.

Seringue de potier

Elle permet, grâce à des embouts de taille et de forme variées, d'obtenir des colombins très décoratifs, en particulier pour les couronnes.

Tresser

Pour tresser plusieurs colombins ensemble, il convient de commencer par le milieu, afin qu'ils ne se déchirent pas.

Vernis

Le vernis est indispensable pour protéger les modelages de la poussière et de l'humidité. Il leur donne en outre de l'éclat, du « fini ». Il est mat, satiné ou brillant, au choix.

Retrouvez d'autres créations pleines de charme
de Brigitte Casagranda

◆

aux Éditions
Dessain et Tolra

◆

Printemps en Chansons
Été aux Champs
Automne en Épices
Hiver en Fêtes
Fêtes et Saisons
Carnaval en Couleurs
Noël en pâte à sel
Pâte à sel Meubles de poupées
Petits métiers en pâte à sel

et tout particulièrement pour les enfants

pâte à sel premiers pas
drôles de boules